儿童健康管理全书

辛芝荣—— 著

古吴轩出版社

中国·苏州

图书在版编目（CIP）数据

儿童健康管理全书 / 辛芝荣著. — 苏州：
古吴轩出版社，2018.8（2022.8重印）
ISBN 978-7-5546-1178-4

Ⅰ．①儿… Ⅱ．①辛… Ⅲ．①学前儿童—健康教育
Ⅳ．①G613.3

中国版本图书馆CIP数据核字（2018）第151239号

责任编辑：蒋丽华
见习编辑：顾　熙
策　　划：马剑涛
装帧设计：润和佳艺

书　　名：儿童健康管理全书
著　　者：辛芝荣
出版发行：古吴轩出版社
　　　　　地址：苏州市八达街118号苏州新闻大厦30F
　　　　　电话：0512-65233679　　　邮编：215123
印　　刷：唐山市铭诚印刷有限公司
开　　本：880×1230　　1/32
印　　张：7
版　　次：2018年8月第1版
印　　次：2022年8月第4次印刷
书　　号：ISBN 978-7-5546-1178-4
定　　价：42.00元

如有印装质量问题，请与印刷厂联系。010-69590252

前言
PREFACE

　　孩子是一个家庭的轴心，是一个民族的未来，因此，孩子的健康状况至关重要。儿童身心健康是每一位父母最关心的问题。然而，孩子是脆弱的，不管是身体，还是心理，都很容易受到外界的影响和伤害。有资料显示，近几年，我国儿童的健康状况虽然得到明显改善，但依旧有不少健康问题亟待解决。

　　随着物质生活的丰富和人们生活水平的不断提高，大多数孩子享受到了较好的照顾。他们的身高、体重增长了，而肺活量、运动能力等却下降了。更严重的是，儿童高血压、糖尿病等慢性非传染性疾病和心理疾病的发病率日趋增高。儿童的健康问题日益显现，正成为一个威胁家庭幸福的隐患。

　　儿童健康问题是由多种因素造成的，而家庭抚养与教育不当占首位。每一位父母都不希望这些健康问题发生在自己的孩子身上。孩子毕竟是孩子，他们年幼无知，对一切充满了好奇，迫切地渴望对这个世界进行探索和研究。但他们的各项身体机能尚未完善，心理发育尚未成熟，导致他们抵抗外界伤害的能力不足，父母一旦防范不到位，孩子就有可能受到健康问题的困扰，给家庭幸福带来弥久不散的阴影。

严格来讲，儿童的大部分健康问题都是可以预防的。为了使他们更加舒适安康和无忧无虑地成长，本书从儿童的健康状况出发，对儿童身体健康和心理健康可能存在的问题进行分析，进而加强父母对儿童健康知识的了解。

本书内容全面，通俗易懂，涵盖生活中的大量实际案例，从孩子的身体健康和心理健康两大方面展开阐述，是一本非常实用并具有可操作性的儿童健康管理宝典。

幼儿时期是儿童体格和心理快速发展的时期，也是十分脆弱的时期，容易患各种营养性疾病、感染性疾病，儿童的心理问题也往往在这个时期埋下隐患。要想培养一个聪明、健康的孩子，就要及时对他的健康问题进行系统的管理，相信本书一定能成为广大父母的良师益友。

目录
CONTENTS

第一篇　身体健康

〈 第1章　孩子吃什么，怎么吃，才能身体棒

第二篇　心理健康

第一篇　身体健康

CHAPTER 1

第1章

孩子吃什么，
怎么吃，才能身体棒

"生命在于营养。"是不是经济发达了，物质丰富了，人们的生活水平提高了，营养就一定跟得上了呢？不一定。孩子每天吃什么、怎么吃才能营养均衡、身体棒，需要父母把握科学的饮食原理。

均衡营养，膳食结构合理是健康的前提

　　一提到营养不良，父母都会联想到"面黄肌瘦""皮包骨"等词语。觉得这些离我们很远，不用去理会。实际上，营养不良离我们并不远，它引起的疾病时时刻刻地围绕在孩子们的身边，例如，维生素D缺乏引起佝偻病，缺锌引起厌食症，等等。在食物富足的现代，孩子的营养问题不光体现在营养缺乏上，还体现在营养过剩上，例如，脂肪过剩引起肥胖症等。总之，孩子的各种营养素缺乏或过剩都会引起相应的疾病。

　　儿童期是一个人体格和智力生长发育的关键时期，任何一种营养素的缺失或过剩都会影响儿童的生长发育，儿童出现营

养问题的主要原因是不良的饮食习惯。人们需要从食物中摄取各种营养素，以促进生长发育。每一种食物中所含的营养素不尽相同，如果一个人只吃一两种或少数几种比较单调的食物，人体对多种营养素的需要就无法得到满足，长期下去对其身体发育和健康非常不利。

另外，人体是一个均衡的"小生态"，各种营养素是相互制约、相互依赖、相互影响的。如钙的消化吸收需要维生素D的参与，维生素D又需要和肠道里的脂肪微粒混合才能被吸收，而脂肪的消化吸收又必须有胆汁参与其中，要让肝脏分泌胆汁，又必须保证蛋白质的供给。由此可见，饮食习惯对儿童的健康成长有着重要的影响。为了使各种营养素能在人体中充分发挥作用，父母不仅要让孩子摄入足够多种类的营养素，还必须注意各种营养素的比例。

俗话说得好，"民以食为天"。饮食是人类生存、维护个体健康的基础。然而，"吃"又是一门科学，"会吃千顿香，不会吃一顿伤"。具体来说，父母可以从以下几个方面观察，学会判断孩子营养是否均衡，及时调整膳食结构，让孩子健康成长。

儿童健康管理全书

1. 孩子的体格发育是否符合标准

孩子的体格发育具有年龄阶段性。孩子的成长发育受遗传、睡眠、运动、营养等多方面因素的影响，其中营养是非常重要的后天因素，孩子的营养不良也比较直接地体现在身高、体重之上。

在生活中，父母可以定期给孩子做体检，如果发现孩子的身高、体重发育滞后，就要及时咨询医生，在医生的指导下调整孩子的饮食结构。

以下是0～10岁儿童的标准身高体重对照表，你的孩子达标了吗？

0~10岁儿童标准身高体重对照表

年龄	男		女	
	体重（kg）	身高（cm）	体重（kg）	身高（cm）
出生	2.9—3.8	48.2—52.8	2.7—1.6	47.7—52.0
1月	3.6—5.0	52.1—57.0	3.4—4.5	51.2—55.8
2月	4.3—6.0	55.5—60.7	4.0—5.4	54.4—59.2

续表

年龄	男		女	
	体重（kg）	身高（cm）	体重（kg）	身高（cm）
3月	5.0—6.9	58.5—63.7	4.7—6.2	57.1—59.5
4月	5.7—7.6	61.0—6.4	5.3—6.9	59.4—64.5
5月	6.3—8.2	63.2—68.6	5.8—7.6	61.5—66.7
6月	6.9—8.8	65.1—70.5	6.3—8.1	63.3—68.6
8月	7.8—9.8	68.3—73.6	1.2—9.1	66.4—71.8
10月	8.6—10.6	71.0—76.3	7.9—9.9	69.0—74.5
12月	9.1—11.3	73.4—78.8	8.5—10.6	71.5—77.1
15月	9.8—12.0	76.6—82.3	9.1—11.3	74.8—80.7
18月	10.3—12.7	79.4—85.4	9.7—12.0	77.9—84.0
21月	10.8—13.3	81.9—88.4	10.2—12.6	80.6—87.0
2岁	11.2—14.0	84.3—91.0	10.6—13.2	83.3—89.8
2.5岁	12.1—15.3	88.9—95.8	11.7—14.7	87.9—94.7
3岁	13.0—16.4	91.1—98.7	12.6—16.1	90.2—98.1
3.5岁	13.9—17.6	95.0—103.1	13.5—17.2	94.0—101.8
4岁	14.8—18.7	98.7—107.2	14.3—18.3	97.6—105.7
4.5岁	15.7—19.9	102.1—111.0	15.0—19.4	100.9—109.3
5岁	16.6—21.1	105.3—114.5	15.7—20.4	104.0—112.8

年龄	男		女	
	体重（kg）	身高（cm）	体重（kg）	身高（cm）
5.5岁	17.4—22.3	108.4—117.8	16.5—21.6	106.9—116.2
6岁	18.4—23.6	111.2—121.0	17.3—22.9	109.7—119.6
7岁	20.2—26.5	116.6—126.8	19.1—26.0	115.1—126.2
8岁	22.2—30.0	121.6—132.2	21.4—3.02	120.4—132.4
9岁	24.3—34.0	126.5—137.8	24.1—35.3	125.7—138.7
10岁	26.8—38.7	131.4—143.6	27.2—40.9	131.5—145.1

2. 孩子生病的频率是否变高

有些妈妈很疑惑：孩子以前很少生病，某段时期突然开始频繁生病，两个月病了三次，也瘦了两斤，而生活环境、习惯等都没有大改变，怎么会这样呢？

其实，孩子爱生病的一个很大原因是营养不良导致体质下降。父母可以带孩子去做一个微量元素检查，积极补充所缺乏的营养素，增强抵抗力。例如，孩子缺铁可能会导致经常感到头晕，眼前发黑；孩子缺锌可能会导致免疫力下降，容易感冒发烧，等等。

3. 孩子是否存在便秘、口臭等现象

孩子营养不均衡，可能会导致肠道蠕动变慢，从而产生便秘的问题。便秘时间过长，就会引起口臭，早上起来的时候尤为明显。孩子年龄尚小，对自己的身体不够了解，无法明确地表达自己哪里不舒服时，父母可以通过关注孩子是否便秘、口臭等来判断孩子的身体健康状况。尤其是新生儿，他尚不能言语，父母可以通过他的大便情况来判断营养均衡情况。例如，当新生儿的大便有硬结块，恶臭如臭鸡蛋味时，父母要考虑是否是母乳中蛋白质过多引起宝宝蛋白质消化不良，此时妈妈应该注意限制鸡蛋、瘦肉、豆制品、奶类等蛋白质含量高的食物的摄入量。

4. 孩子的反应是否变得迟钝

0～3岁是孩子脑部发育相对较快的时期，脑力发育需要丰富的营养物质来供给能量，特别是需要大量蛋白质。当孩子进行脑力活动时，需要蛋白质来提供能量，以此来维持大脑的各种运动状态。如果缺乏蛋白质，孩子脑细胞的数量和质量就会降低，大脑结构将会受损，从而导致反应迟钝。但是，蛋白质并不

能独立存在并发挥作用，在很大程度上它受到热能摄入量的影响。因此，父母在孩子的营养物质摄取上要注意合理搭配。

5. 孩子是否脾气暴躁、易怒

6岁的万万最近有点反常，平时斯斯文文、很有礼貌，突然变得爱发脾气、易烦躁。在家里，他常为一点小事冲爸爸妈妈发脾气，整天一副忧心忡忡的样子。在幼儿园里，老师也反映说他经常为一些鸡毛蒜皮的事而骂其他小朋友，甚至动手打人。

刚开始，爸爸妈妈认为万万只是碰到了一些烦心事，过段时间就好了。可是，一晃三个多月过去了，他的脾气还是很暴躁，胃口也变得不好了，体重下降了。妈妈急忙带他去医院，经过仔细询问检查，排除其他疾病之后，医生说万万的这种状况可能是B族维生素摄入不足导致的情绪易暴躁。

在人体中，B族维生素具有调节情绪的作用。如果孩子缺乏B族维生素，可能就会变得脾气暴躁、易怒。

病从口入，边玩边吃，细菌成"下饭菜"

有些孩子有边吃饭边玩耍的坏习惯，比如玩手机。许多父母认为用餐时使用手机只是没有遵守餐桌礼仪，并没有什么危害，因此，孩子一边吃饭一边玩也没什么影响，不必那么吹毛求疵。但是，这种行为往往会给细菌的传播提供渠道，威胁人体健康。

有调查显示，手机上每平方厘米就"驻扎"了12万个细菌。按照这个推算，整部手机起码携带上百万个细菌。另外，沙发、椅子、餐桌等家居用品，虽然经常擦洗，但上面仍难免有尘土、细菌和寄生虫卵等。即使就餐之前洗手，但在吃饭过程中边吃边玩，频繁接触了手机或其他家居用品，就相当于再次触碰了细菌群。此时，如果手拿食物放进嘴里，就相当于把细菌当成了"下饭菜"。

　　7岁的奇奇非常喜爱画画，到了饭桌上，所有的菜都成了他"画画"的工具。有时把西兰花咬上一口，放到餐桌上就变成了小树苗，等一会儿又拿起来放进嘴里吃掉；有时把面条绕在手指上或想办法绕成一个图案；有时把黑木耳当作蝴蝶在空中"飞"了半天，才愿意把它们吃下去；即使是吃个面包，都要咬成猫脸形状才肯吃下去……

　　刚开始，爸爸妈妈并不觉得奇奇的这个习惯有什么坏处，反而觉得有益于开发想象力，就放任他一边吃饭一边玩耍。可奇怪的是，奇奇经常拉肚子，每次去检查，医生都说可能是孩子吃的饭菜不干净。爸爸妈妈想不明白，奇奇每天都是在家里吃饭，又没吃其他零食，怎么会吃得不干净呢？

　　直到有一天，奇奇妈妈的一个朋友来家里吃饭，奇奇还是像往常一样在饭桌上"画画"。饭后，朋友笑着说："我知道奇奇为什么总是肚子不舒服了，因为他每天吃饭都这样一边吃一边玩，把细菌当成'下饭菜'吃了进去。"

妈妈惊讶地说："啊，怎么把细菌当成'下饭菜'吃进去啦？"

朋友耐心地说："你看奇奇吃饭的时候，一边玩一边吃，拿一下食物，拍一下桌子或者擦一下衣服，又抓一手菜放进嘴里，这是不是一个把餐桌上或衣服上的细菌转移到嘴里的过程？"

听朋友这么一解释，奇奇妈妈恍然大悟："原来是这样。"

从此，奇奇妈妈就不再允许儿子一边吃饭一边玩耍了，奇奇经常拉肚子的毛病也不再犯了。

孩子贪玩，即使到了吃饭时间还是停不下来，这是很正常的。有些父母为了让孩子吃一点饭，常常会端着饭碗跟在后边，孩子跑到哪里就喂到哪里。这样做虽然很有效果，但给孩子带来的健康隐患是非常大的。

1. 容易导致消化系统功能紊乱

在正常情况下，在进餐时，人的血液会聚集到胃部，以加强对食物的消化和吸收。如果孩子一边吃饭一边玩耍，身体中的一部分血液就要去支配其他行动，从而减少胃部的血流量。如果孩子在吃饭时看电视或者玩游戏，就会刺激他的神经使其兴奋，而大脑神经同时需要很多血液的供给来满足所有的视觉、听觉、触觉等活动，因此造成消化系统的供血不足，从而消化机能减弱，导致孩子食欲不振，影响孩子的营养吸收，甚至会导致胃肠道疾病。同时，大脑细胞也会因供血不足，而出现缺氧现象，容易引起孩子疲劳。

另外，孩子边吃饭边玩，有时一顿饭下来就要一两个小时，饭菜都凉了。尤其是在冬天，父母不可能不断地给饭菜加热，孩子吃了凉饭菜之后不容易消化吸收，同样会引起消化不良和营养不良。

因此，在孩子还小的时候，父母一定要及时纠正他边吃边玩的坏习惯，培养他专心吃饭的好习惯，不仅可以让孩子远离胃肠道疾病，还可以保护孩子的神经系统。

2. 容易导致食物被吸入气管

孩子在跑动的过程中，由于呼吸过急，如果口腔里有食物，就会随着呼吸吸入小颗粒饭菜，轻者出现剧烈的呛咳，重者甚至可能会导致窒息。

　　孩子的进食过程非常复杂，父母要正确地对待孩子的进食问题，并培养他的良好饮食习惯，不要因为怕麻烦而草率了事，也不能因为孩子年纪小而听之任之。要让孩子在固定的时间、固定的地点专心进食，不能玩耍，要让孩子全身心地进食。

不要让孩子吃得太饱，吃撑危害健康

在孩子吃饭时，父母总喜欢时不时地说一句"多吃点肉""多吃点青菜""多吃点米饭"……"多吃点"仍是相当一部分父母对孩子的饮食要求。随着生活水平的不断提高，富足的物质基础让人们基本不再为"没有吃的"而发愁，但父母们却没有认识到吃得过饱是有害无益的。

其实，发育正常的新生儿一出生就知道饱饿，这是与生俱来的能力。可是很多父母并不那么认为，总认为孩子还没有吃饱，因此不停地要求孩子多吃点。也有一些大人本着"不浪费"的心理，要求孩子把剩菜吃完。饭菜是不浪费了，孩子却被这"不浪费"给撑惨了。

我们经常听到有人开玩笑说："整天就知道吃，人都吃傻了。"这句玩笑并不是没有道理的。如果孩子长期饱食，体内的热量、脂肪以及血脂就会变多，大脑需要集中更多的血液去指令身体的各个器官正常运作，消耗的时间就会变得更多，大脑的氧和营养物质减少，导致人的记忆力下降，从而引起大脑早衰和智力迟钝。这就是很多肥胖儿童都会表现得有点迟钝的原因。

吃得太饱不仅会影响脑细胞的正常生理代谢，还会加重胃肠道的负担，造成消化不良。而那些大量摄入的、多余的脂肪和蛋白质就得不到有效的利用，只能被储存起来，造成营养过剩，引起肥胖症、糖尿病等疾病。

中医广为流传一句顺口溜："要得小儿安，需得三分饥和寒。"意思就是说，要想孩子身体好，不能让孩子吃得太饱，七分饱刚刚好。吃得过饱，不仅不能促进孩子的成长，反而会引起身体不适，影响健康发育。

儿童的胃肠功能尚未成熟，暴饮暴食之后很容易导致食物堆积过多，诱发急性胃肠炎，主要表现为腹泻、腹痛和呕吐，少数会伴有发烧现象。如果孩子吐泻严重，没有及时进行补液，就可能会出现脱水、电解质失衡，甚至休克的现象。如果孩子因吃得过饱而诱发了小儿急性胃肠炎，父母可以通过以下方法来帮助孩子：

（1）儿童呕吐会导致体内水分和盐分的流失。如果呕吐严重，父母要及时带孩子到正规医院进行静脉补液治疗，暂时禁食；如果呕吐不严重，可少量多次口服补充液体和进食，父母可在其食物中加盐以补充流失的盐分。

（2）孩子的饮食以稀为主，可喝点米汤、稀饭或吃点软面条。

（3）如果孩子的急性肠胃炎不能得到缓解，导致精神不好、皮肤干、没有小便，建议父母尽快带孩子到正规医院就诊。

父母给孩子安排一日三餐应当遵从"定时定量"的原则，特别是晚餐，千万不要逼着孩子吃得太饱。孩子的饭量要比父母想象中少，如果孩子吃不饱的话，他会自己判断，并要求多吃点。如果孩子开始吃饭不专心，或者说"不吃了"的时候，父母应把食物拿走，不要逼着孩子多吃。

　　对新生儿的喂养，妈妈不能照本宣科，每个宝宝都有自己的奶量。有的宝宝胃口小，就采取少食多餐的喂养方式；有的宝宝胃口大，就采取多食少餐的方式。父母不能照着书中或其他人的经验来给自己的孩子安排喂奶量，而应根据孩子的行为来判断。如果孩子把乳头吐出来，可以再把乳头送向孩子，如果孩子继续吸吮，说明他还有胃口，如果他又吐了出来，或者哭闹，妈妈就要放手。只要孩子的各项发育指标在正常的范围内，妈妈就不用担心孩子是多吃了一点还是少吃了一点。

小心喂出血脂异常儿童

有些父母认为多吃就是福，只要孩子喜欢，就无限制地给他吃，完全不顾这些食品是否对孩子的健康有害，如油条、炸鱼、炸肉等油炸食品和冰激凌、蛋糕等甜食，导致患肥胖、代谢综合征疾病的儿童越来越多，儿童血脂异常也越来越常见，高脂血症越来越年轻化。

饮食营养结构不够合理是孩子血脂异常的罪魁祸首，主要表现为吃过少的碱性食物，如蔬菜、粗粮等，吃太多的不健康零食，如甜品等。有些儿童的血胆固醇水平是正常成年人的数倍，如果父母不及时地调整其饮食习惯，均衡三餐的营养，孩子的血糖、血压、血脂等就会随着年龄的增长而越来越高，为其患上"三高"等疾病埋下隐患。长此以往，就会使慢性病的发病率增高，发病年龄降低。

小雄是小学三年级的学生，个子高大却不威猛，经常生病，体质特别差，一感冒就会犯哮喘，就连体育课都无法正常上，更别说户外运动了。

一次，小雄又感冒了，妈妈带他去看医生，医生建议给小雄做个儿童健康体检，详细地了解孩子的健康状况。拿到报告时，妈妈吓了一跳：她以为老年人才会患的高血脂，居然发生在孩子身上。

为了了解小雄的情况，医生询问了近3日小雄的膳食，发现3天的食谱中出现了2次烧鹅、1次烤鸡。妈妈说，小雄特别喜欢吃烧鹅、烤鸡等烤制食品，不喜欢吃青菜和粗粮。

其实，烤鸭、炸鸡、甜饮料等都属于"三高"食品，如果孩子过多摄入此类食品，就很容易引起营养结构失调，导致血脂、血压等升高，进而威胁身体健康。

孩子由于缺乏生活经验，并不了解饮食营养均衡的重要性，即使生病了，如果不直接表现为身体上的不舒服，他们也不会轻易发现。血脂异常并不像感冒发烧一样，有着明显的症状，而是像一个"隐形杀手"，慢慢地偷走孩子的健康。因此，父母要多关心孩子，了解高血脂的相关症状，尽早发现孩子血脂异常，及时调整其膳食结构，让孩子远离高血脂这个无形的"健康杀手"。

轻度的高血脂患者一般没有任何不舒服的感觉。父母可以定期带孩子去做相关的血脂检查，尤其是比较肥胖的孩子，可以通过化验血液来诊断血脂指标是否正常。

高脂血症一般伴随着体重超标和肥胖，高血脂患者会出现头晕目眩、肢体麻木、胸闷气短、神疲乏力、心悸、肢体麻木等症状。如果孩子出现此类症状，父母需要考虑孩子是否血脂异常，不能认为孩子年纪小绝对不可能出现高血脂而忽略，导致孩子的血脂异常得不到及时的缓解。

血脂长期较高或高血脂较严重，会导致冠心病、糖尿病、脑中风等严重疾病。

虽然儿童的血脂异常比较常见，但是父母要注意保护孩子的尊严，不要过早地给其贴上疾病的标签，加重孩子的心理负担。血脂异常的治疗不要急于用药，对于儿童，治疗高脂血症的最佳选择是饮食调理。一是强调食物的多样化和营养均衡化，不能光吃精米白面，还要吃五谷杂粮和蔬菜，少吃垃圾食品；二是能量摄入要适中，不要吃太多高热量食物，但也不能完全不吃，要保证孩子摄入的能量能满足他身体的生长，也要避免能量过剩导致孩子变得肥胖；三是采取健康的饮食方式，如正常的三餐及少吃零食。

另外，要控制孩子的吃饭速度。"吃快点，吃快点。"在饭桌上，经常听到家长这么催促孩子，有些孩子受父母的影响，或为了有更多的时间玩耍，吃起饭来狼吞虎咽。有专家提出"进餐20分钟"理论，即大脑最少需要20分钟才能接收到从开始进餐到吃饱的信号。如果孩子吃饭速度过快，大脑就无法及时接收到"已吃饱"的信号，孩子还会继续进食，从而不知不觉吃得更多。因此，父母要注重培养孩子细嚼慢咽的进食习惯，这有利于他摄入适量而非过量的食物，且有益于保护孩子娇嫩的肠胃。

当孩子确实需要使用降脂药物时，父母要注意以下几点：一是不可滥用，专家原主张10岁以上的儿童，且经过6个月到1年的饮食治疗无效时，再考虑用药。但随着高脂血症越来越年轻化，美国儿科协会建议体内低密度脂蛋白胆固醇含量过高，同时伴有肥胖和高血压的8岁及以上儿童可以接受药物治疗。只有符合上述条件的儿童和青少年，才可以采用药物治疗。二是在进行药物治疗的同时，应当继续进行饮食干预治疗，持之以恒，让孩子保持饮食营养平衡，才能达到治疗效果且具有持久性。三是如果采用药物治疗，父母一定要听医嘱，定时对孩子的状况进行检测以考查疗效，从小剂量开始，及时停药。

如何培养肥胖儿童良好的饮食习惯

随着经济飞速发展，居民的膳食结构发生了很大的变化，儿童超重或肥胖的发生率大大增加。统计数据显示，中国逾3亿人属于超重和肥胖人群，其中7%的人为5岁以下的儿童。有研究发现，70%～80%的儿童肥胖症将延续为成人肥胖症。儿童的肥胖程度可以分为三级：

（1）轻度肥胖：体重超过正常儿童标准的20%～30%。

（2）中度肥胖：体重超过正常儿童标准的30%～50%。

（3）重度肥胖：体重超过正常儿童标准的50%以上。

对于儿童的肥胖，父母难辞其咎。有些父母认为胖乎乎的孩子比较可爱，甚至错误地认为胖就代表着健壮，因此，在日常饮食方面，给孩子大补特补，把孩子补成了大胖子，殊不知肥胖不仅影响其外在形象，更重要的是给孩子的健康带来严重影响，这种影响甚至会一直持续到其成年以后。可以说，肥胖已经对儿童的健康构成极大的威胁。

《2016年度体检统计报告》数据显示，学生的身高、体重和胸围都在持续增加，而一些体能素质指标，如肺活量、速度和力量等却在下降；肥胖学生的人数占35.79%，比5年前增加了50%。

如今，在一些发展中国家，儿童都面临着营养不良和营养过剩的双重问题。而在一些发展较快地区，超重和肥胖问题已经严重地威胁儿童和青少年的健康，尤其是10岁以下的儿童。主要原因是传统饮食结构发生了改变，儿童的饮食习惯和体力活动习惯直接关系到其是否变得肥胖，可惜的是很多父母尚未重视儿童肥胖问题，导致该问题得不到及时的解决。

对于预防儿童肥胖，父母具有重要的作用。一个人5岁之前所形成的饮食生活习惯将对其今后生活产生深远的影响，从而影响他的健康。因此，父母要使孩子养成良好的饮食习惯，转变观念，对肥胖儿童的膳食进行妥善的安排和严格的处理，让孩子吃得放心，吃出健康的身体。

1. 均衡搭配各类食物

不同类型的食物具有不同的营养成分，人的机体对各类营养成分都有一个量的需求，摄入过多或过少都不行，如脂肪摄入过多会导致肥胖。如果放任孩子爱吃就多吃，不爱吃就少吃甚至不吃，虽然表面上他每天都吃了很多种类的食物，但从营养素的量来说就会发生偏差，破坏营养均衡。父母应当学会营养搭配，按比例让孩子摄入不同种类的食物，并注意食物的组合搭配，如粗粮与细粮的搭配，深色蔬菜与浅色蔬菜的搭配，鱼禽肉类的搭配，等等。如果孩子对个别食物非常挑剔，父母可以从同一组食物中选择其他食物代替，但严重的挑食、偏食，如不吃蔬菜等，就要予以纠正了。

另外，应当限制儿童高糖、高脂肪食物的摄入量，使孩子改掉吃零食的习惯。煎炸食品、肥肉、奶油、含糖饮料、雪糕、巧克力等高脂食品含有大量的热量，很容易导致孩子肥胖。父母应鼓励孩子少吃偏肉类食品，多吃豆制品，以及含糖量低的蔬菜、水果，适量摄入脱脂奶、蛋类、瘦肉等食品，少吃精制米面，多吃五谷杂粮，食物要多样化，合理搭配，平衡膳食。

2. 一日三餐要按时、适量

一日三餐是孩子摄入营养的主渠道。一日三餐总热能应为早、晚各占30%，午餐占40%。不吃早餐是肥胖的原因之一。有调查表明，经常不吃早餐的儿童肥胖率高达18.6%，而吃早餐的儿童肥胖率为11.8%，经常不吃早餐的儿童发生肥胖的概率约为吃早餐儿童的1.7倍。在日常生活中，有些父母为了多睡一会儿，常常不带孩子吃早餐或不给孩子准备早餐，这对孩子的健康极其不利。

有些父母对午餐持马马虎虎的态度，晚餐则安排得非常丰富。其实，这并不符合人体机能热量摄入的原则。另外，节假日或家庭宴会时，父母都应要求孩子适度进食，不能大吃大喝，更不能狼吞虎咽，否则会损害孩子胃肠道的消化功能。

3. 饮食要清淡，谨防"五毛零食"的危害

每天放学后，校门外的商店里都有一群孩子在抢购各种"五毛食品"，让不少父母担忧，爱吃"五毛零食"也是儿童肥胖的重要原因。调查显示，"五毛零食"中的脂肪、钠和甜蜜素呈现出"三高"的趋势。

过多地摄入"五毛零食"，会导致孩子患高血压、高血脂、冠心病等疾病的概率增加，且由于这些零食高甜重辣，难以消化，所以常引起消化道疾病，如便秘、胃炎等。

4. 远离快餐垃圾食品

如今，快餐店满大街都是，且深得孩子的喜爱。但由于快餐中的脂肪含量较高且缺少纤维，如果孩子长期食用，就会导致能量和脂肪摄入过多，从而造成肥胖。有调查发现，经常吃快餐的儿童肥胖比例占13.9%，比不吃快餐的儿童高34%。一份含鸡翅、比萨、薯条等的食物的套餐盐含量高达12.3克，是儿

童每日建议摄盐量（每日4~6克）的两倍之多。

5. 肥胖儿童的膳食要逐步减量，切忌操之过急

父母要想通过限制饮食来达到让孩子减肥的目的，就要注意开始时不宜操之过急。重度肥胖儿童每天的饮食量要逐步减少到低于理想食物需要量的30%左右，应摄入高蛋白、低碳水化合物及低脂肪的食物，控制孩子的动物脂肪量不超过总能量的1/3，同时，给孩子供给一般需要量的维生素和矿物质。肥胖孩子的食欲较大，一时半会儿习惯不了突然减量，很容易有饥饿感，父母可以给孩子多提供一些热量少、体积大的食物，如蔬菜、瓜果等。

第2章

好睡眠，让孩子健康又聪明

睡眠就像呼吸一样，是人体的生理需求。人的一生，有三分之一的时间是在睡眠中度过的。睡眠是生命所必需的过程，也为人体复原、整合和巩固记忆提供了重要环境。父母千万不要把熬夜这一不良的生活习惯带给孩子，而应让孩子养成科学的作息习惯，让他在睡眠中恢复能量。

健康的睡眠可以提高免疫力

睡眠质量的好坏直接影响一个人的身体健康，孩子拥有健康的睡眠不仅可以调整情绪、表现以及个性，还能增强身体的免疫力，有助于提高身体素质。

科学家做过这样一个试验：将流感疫苗打入一只小白鼠的体内，它很快便进入睡眠状态。这就是小白鼠的机能反应，因为在睡眠状态下，机体的免疫力会提高，能有效地抵抗病毒。这也是我们在生病的时候，总感到昏昏欲睡的原因。

美国科学家曾进行睡眠与免疫力关系的试验：首先让一些健康的受试者在每天早上的3~7点不睡觉，然后对其进行检查，结果显示，他们身体中的免疫细胞活力下降了28%。之后，让这些受试者得到充足的睡眠，再做检查，发现他们体内的免疫力得到了完全的恢复。

在生活中，一些父母有晚睡的习惯，受父母影响，孩子也会晚睡，然而，这样长时间下去，孩子的免疫力就会大大降低。人体健康与否，取决于免疫力的强弱，如果孩子的免疫力下降，就难以抵御各种病原体的侵扰，一点小细菌就可以攻破免疫力的防线，导致孩子经常性地生病。

小雅的爸爸妈妈忙于做生意，经常到深夜才休息。小雅跟着爸爸妈妈每天很晚才睡，第二天一大早又要起床去上学，平均下来她每天的睡眠时间不足8个小时。虽然爸爸妈妈用心地照顾她，也能保证她营养均衡，但每次流感一来，她都会第一时间被传染。妈妈感到很担忧，医生说是小雅的免疫力太差导致的。

一次，妈妈抽空去参加社区举办的儿童健康讲座，从中了解到孩子的睡眠时间和免疫力的关系，意识到小雅的身体状况可能和睡眠时间有关。因此，妈妈决定先放下手中的生意，重新调整小雅的睡眠时间，保证女儿每天睡眠充足。

　　果然，一段时间之后，小雅的免疫力增强了不少，不再是一阵风都能吹感冒的体质了。

　　健康的睡眠是人体自身最有力的防护罩，不仅能使人恢复精力，还能提高人体的免疫力。人在睡眠时，体内会产生一种来自淋巴和骨髓的保护物质。儿童的抗病免疫能力较弱，因此，儿童需要更多的睡眠来提高免疫力，以达到抗病的目的。

　　中国古代有"睡眠是眼之食，七日不眠，眼则枯"之说。也就是说睡眠不足会导致人的眼睛疲惫，神经衰弱，食欲不振，甚至会引起血压异常。俗话说"吃五斤不如睡一更"，充分表明了睡眠对人体的重要性。

　　在古时，人们"日出而作，日入而息"，如今，大城市中灯火通宵明亮，在大街上，即使到了凌晨还常有大人带着孩子在散步。父母对睡眠的重要性认识的淡化，直接影响着孩子的身体健康。晚上10点至凌晨2点，是人体内细胞坏死与新生最活跃的时间，如果孩子在这段时间尚未入睡，他们的细胞新陈代谢就会受影响，甚至导致高血压、性早熟等疾病。

　　免疫系统是人体中最主要的保护体系，当病毒入侵时，它们会以精密无比的方式联合作战。巨噬细胞、淋巴细胞和免疫球蛋白等是人体免疫系统的重要组成部分，不论是白天还是黑夜，他们都像忠诚的"卫士"守护着人体，当"异己分子"入侵时，他们会加以识别并且采取行动将其清除出去，使得人体保持健康状态。但是，它们也需要养精蓄锐。与其他功能相反，免疫系统呈昼低夜高的运转状态，就是说只有在睡眠状态下，免疫功能才能加强与提高。

　　在日常生活中，大人应该都有这样的经历：如果习惯了每晚都睡七八个小时，突然有一晚因某件事情而耽搁需要熬夜或一连几天每晚只能睡三四个小时，除了感觉到很疲惫，还会患慢性咽喉炎、牙龈炎、扁桃体炎等疾病，或者很容易感冒，这是因为睡眠不足引发了抵抗力和免疫力的下降。大人都如此，更何况孩子呢？因此，父母要培养孩子良好的睡眠习惯，让他在睡眠中增强自身的免疫力。

　　值得注意的是，如果孩子开着灯睡觉，会直接影响免疫系统的修复及增强。科研人员研究发现，在人的大脑中有个叫松果体的分泌器官，它的功能之一是在人体进入睡眠时，不断分泌出褪黑激素，抑制人体的交感神经，使得血压下降，心跳速率减慢，心脏得以喘息，机体免疫功能得到加强，机体恢复活力，甚至还有杀死癌细胞的效果。松果体有一个最大的特点是，它特别怕光，只要一见到光源，它就会停止分泌，且深夜11点至次日凌晨是它分泌最旺盛的阶段，天亮之后有光源便停止分泌。孩子在睡觉时，如果环境中一直有灯光，就会影响褪黑激素的分泌，从而影响孩子的免疫功能。

因此，为了孩子的健康睡眠，请父母尽量把孩子卧室的光线调暗，使其大脑中的松果体分泌出足够的褪黑激素，以保证人体正常的需要，使疲惫的机体尽快得到恢复。有些孩子刚和父母分房睡害怕黑夜，不愿意关灯睡觉，父母可以多安抚孩子，给他多一点安全感。父母还可以打开孩子房间的门，让客厅的灯光透入房间，等孩子熟睡后再关灯。

孩子拥有优质的睡眠，比同龄人更聪明

当前，随着物质生活的富足，在影响孩子生长发育的因素中，睡眠因素已经超越了饮食和锻炼的影响，成为影响孩子成长的第一要素。良好的睡眠不仅有助于孩子身体的健康发育，对孩子的智力发育也有关键作用。

就智力发育而言，孩子的大脑需要得到更好的休息和调养，以减轻日常活动的负担。如果孩子睡眠不足，就会导致其注意力无法集中，长期缺少睡眠会导致孩子的记忆力衰退，影响他的日常学习和活动。

李萍是六年级学生，最近一段时间，为了参加即将到来的市区

数学竞赛，她连续几天每晚做题到深夜，睡眠一直也不好，有时会感到很烦躁。

刚开始，她觉得没什么，妈妈也没怎么理会，认为等考完试再好好休息一下就没事了，可是情况越来越糟糕了。她明显感觉到很疲倦，上课没什么精神，额头、下颌生出一些痘痘，且鼻尖的油脂分泌异常，经常油腻腻的，脸色失去了往日的红润和光泽……

妈妈带她去了一趟医院，医生看了她的情况，了解了她近来生活的改变之后，说这一切都是睡眠不足导致身体毒素累积惹的祸。

人体中各个组织、器官和系统各司其职，配合得天衣无缝。但是，如果孩子的睡眠不足，就会使其中的某一个器官因为疲劳过度而"罢工"，由此引起一系列的连锁反应。在不同的时间段，人的不同内脏会进行调理排毒，而睡眠正是人体器官的最佳排毒秘方。

人体就像一个天然的大工厂。当人进入睡眠之后，器官就开始转变运作模式，自动进行排毒。如果一个人长时间不能入睡，"工厂"的某些甚至全部"机器"就会因劳损过度而"罢工"，人体器官的排毒作息也将会受到考验。因此，父母一定要培养孩子的良好睡眠习惯，给孩子一个优质的睡眠，让他得以健康成长。那么，人体各个器官会在什么时间段进行排毒呢？

1. 21:00～23:00，淋巴系统排毒

在人体中有三大循环系统，即动脉、静脉和淋巴系统。其中，淋巴系统主要负责为人体细胞供给营养及清除废料。人体全身共有300～450个淋巴结，它们就像是一个个哨卡，对所有"来者"进行过滤，当来者不善时，它们会及时地清除，帮人体阻挡外界病毒的侵害。

如果人体的淋巴循环系统发生了"塞车"，轻者容易引起青春痘、黄褐斑等皮肤症状，重者则引起其他器官疾病。因此，到了晚上9点淋巴排毒的时候，父母应该让孩子安静地入睡，这样不但能顺利地完成淋巴排毒，还能为其他器官排毒奠定基础。

2. 23:00～3:00，肾、肝排毒

肾脏是体内最重要的排泄和内分泌器官，对维持人体内环境的稳定有着非常重要的作用。在肾脏的作用下，血液中的代谢废物、无机盐和部分水会形成尿液排出体外。如果人体中的肾脏受损，有毒代谢物就会跟随着血液蔓延全身，导致全身器官的病变。而肝脏细胞能控制和调解体内的各种物质，联结所有器官进行运作。另外，肝脏是人体解毒的"掌门人"，当人体摄入酒精、某些有毒素的食物时，或是一些食物未被消化，腐败、发酵而产生毒素，无法被小肠吸收时，就需要肝脏来分解。

23:00～3:00，是肾脏和肝脏的排毒时间。如果这段时间孩子还没有进入睡眠状态，就会加重肾脏和肝脏的负荷，肾脏和肝脏无法正常排毒和修复，极有可能会导致废物、毒素积聚在体内，甚至会跟着血液流遍全身，对身体的细胞造成无法弥补的损害。

3. 21:00～1:00，骨髓造血

人体的血液是由骨髓生成的，而以上时间段是骨髓造血最

佳时段。所以，孩子必须熟睡，不宜熬夜。否则，不但会影响骨髓的正常造血，引起贫血等症状，还会影响身体的排毒、造血和吸收营养等功能。

4. 3:00～5:00，肺排毒

肺是身体内外气体交换的主要场所。通过肺的一呼一吸，人体可以吸入新鲜空气，呼出体内的浊气，调节全身之气的升降出入，保证人体新陈代谢的正常进行。如果孩子在这个时间段尚未进入睡眠，就会导致肺部滞留的废积物过多，引起肺部呼吸不畅，甚至出现咳嗽、气喘、呼吸不顺等呼吸系统症状。

5. 5:00～7:00，大肠排毒

经过一夜的排毒和消化，小肠对胃初步消化的食物进一步消化，将食物的残渣向大肠输送，同时，也吸收大量的水液，而无用的水液会渗入膀胱排出体外。因此，早晨5:00～7:00，是最佳的如厕排毒时机。

可是，在生活中，很多孩子并没有晨起如厕的习惯，也许

是为了多睡一会儿懒觉，也许是因为他们没有意识到晨起如厕的重要性。为了孩子的健康，请父母培养孩子晨起如厕的好习惯吧。

排毒对孩子的健康成长十分重要，睡眠时间如果不能和人体排毒时间吻合，就会引发一系列的健康问题，因此，良好的睡眠对孩子的成长至关重要，父母应当重视，不仅要保证孩子的睡眠时间，还要提高孩子的睡眠质量。

睡眠不足，容易限制孩子长高

睡眠是人类生命中一种周期性的生理现象，是保证机体生长发育、维持人类运动的"营养要素"。在睡眠过程中，人的大脑进入暂时性的休息，对消除大脑疲劳、增强人体免疫力都有很大的好处。更为重要的是，睡眠与促进身体增高的生长激素有十分密切的关系。

研究表明：孩子的身高70%取决于父母的基因，30%取决于后天。而30%的外在因素中，睡眠的影响是最为关键的。生长激素是影响人体身高的重要因素，但它主要在晚上分泌。因此，在睡眠中，孩子的身体分泌出越多的生长激素，就越有助于孩子长高。

　　生长激素是由人的脑垂体分泌的，能直接作用于全身组织细胞，促进组织中蛋白质的合成，增加细胞的体积和数量，生长激素能通过肝脏产生介质，间接促进生长期的骨骺软骨形成，加速骨与软骨的生长，使人体逐渐增高。除了生长激素，脑垂体一天还需要分泌性激素、促肾上腺皮质激素等人体所需的多种激素。为了能维持人体的日常运动和身体其他方面的发育，脑垂体在白天会选择性地先分泌其他激素，而分泌较少的生长激素。到了夜深人静，孩子进入睡眠后，其他运动都停下来了，脑垂体就会有更多"精力"来分泌生长激素。

　　孩子在各个年龄阶段的生长激素分泌情况各不相同。比如，婴儿一天24小时血液中的生长激素含量都很高，无论是白天还是黑夜，睡眠时和醒着时无明显的差异，因此1岁前的婴儿个子长得特别快。进入幼年之后，随着孩子运动量的增长，脑垂体只有在晚上才能分泌出生长激素，白天清醒时基本不分泌。8～15岁的青春少年，虽然醒着时也分泌生长激素，但量很少，主要在睡眠时分泌，在深睡时生长激素分泌量急剧增加，主要集中在晚上9点至第二天凌晨1点，特别是晚上10点以后，生长激素的分泌量达到最高，为白天的5～7倍。如果孩子晚睡错过了这段时间，就再也补不回来了。儿童期正是孩子长身体的重要时期，夜间其他激素的分泌也十分旺盛，例如泌乳素、性激素、黄体生成素等，都是对生长发育十分有益的激素。

另外，进入睡眠后，人的脊柱、双腿、关节的骺软骨全部处于放松状态，摆脱了身体压迫及重力影响，可以自由伸展。因此，即使是停止长高的成年人，早晨起床时也会比晚上的身高高出0.5～1.5厘米，可见睡眠有利于骨骼发育。

为了孩子的正常生长发育，首先应保证孩子有充足的睡眠时间。年龄越小的孩子，睡眠时间应越长。以下是美国睡眠协会发布的不同年龄阶段孩子的适宜睡眠时间表，可供各位父母参考：

不同年龄阶段孩子的适宜睡眠时间表

年龄段	适宜睡眠时长
新生儿	18～22小时
1岁以下	14～18小时
1～2岁	13～14小时

年龄段	适宜睡眠时长
2～4岁	12小时
4～7岁	11小时
7～15岁	10小时
15～20岁	9～10小时

当然，不仅要保证孩子的睡眠时间，还要注意睡眠质量。因此，父母要注意了，孩子最好在晚上8:30之前上床，早上6:00后再起床，这样，孩子才能获得更多的生长激素分泌量，从而长得更高。

可是，很多孩子并不那么听话，想让他们按时入睡，并不是一件容易的事。那么，父母该怎么做，才能保证孩子按时入睡又有良好的睡眠质量呢？

1. 培养孩子的睡眠规律，形成固定的生物钟

大多数孩子睡不好是因为作息习惯不好，没有形成固定的生物钟，他们的睡和醒都不分白天黑夜，因此，即使到了晚上，他们也没有"要睡觉"的意识。

在孩子还小时，父母就应该给他们建立一个生物钟，让孩子养成睡上一整晚的习惯。不要允许孩子睡懒觉，如果过了起床时间，即使是周末或假期，也最好把他叫醒，这才有助于孩子形成固定的生物钟。每天晚上要求孩子在同一时间上床睡觉，早晨在同一时间叫醒孩子，对他形成规律的睡眠非常重要。

2. 控制卧室的灯光和声音，让孩子学会分辨白天和黑夜

早上要起床时，父母可以把孩子房间的光线调亮，拉开窗帘，让阳光照入房间，给孩子一个"早安"拥抱，也可以放点轻音乐来唤醒他。即使是需要睡很长时间的新生儿，到了白天，父母也要打开窗帘，让婴儿学会分辨白天和黑夜。到了晚上准备睡觉时，要把室内的光线调暗，把孩子房间的门关好，不要让门缝透光或传进嘈杂声，以免影响孩子的睡眠。

3. 每天遵循一个完整的就寝过程

父母可以通过程序化的就寝方式让孩子慢慢地意识到"睡觉时间到了"，这可以成为一个睡前仪式。如，睡觉前要刷

牙、洗脸、洗澡、穿睡衣、读故事等，这些程序可以在孩子入睡前一小时进行。在这一小时中，父母不能带孩子做太兴奋的活动，如蹦跳、看动画片等，刺激孩子的神经。父母可以给他读故事书，让他听听轻音乐，这不仅能促进睡眠，对孩子的智力发育也很有好处。

4．舒适的床上环境可以帮助孩子安然入睡

孩子容易夜醒哭闹，大多与孤独、恐惧、不安全感等有关。父母可以给孩子营造一个安全舒适的、像妈妈怀抱一样的环境，如在孩子的身体两旁放上柔软的小靠枕、小毛毯等，以便孩子在夜里惊醒四处踢蹬时能感觉到柔软的物体，并误以为是妈妈的身体，这样他就又会安然入睡。

值得注意的是，小靠枕、小毛毯等物品不能靠近孩子的头部，以免造成孩子窒息。如果孩子夜里有动静，父母也不要急于去照顾他，有时他可能踢蹬一下就又睡着了，父母的干涉反而会惊扰他。

孩子该不该睡午觉

在很多父母的观念里，午睡有利于孩子的身体健康。确实，在父母的培养之下，一些孩子养成了良好的午睡习惯，并从中获益匪浅。而对于另外一些孩子来说，睡午觉是一件特别无趣和浪费时间的事，他们从未睡过午觉，但一样健康成长。

王杰自从2岁开始，就不愿意午睡了。每到午睡时间，妈妈都要想各种办法，可即使把他摁到床上，他也会睁开眼睛看着天花板，躺在床上自言自语。妈妈没办法，只好任由他玩耍。

上幼儿园之后，受集体生活的影响，王杰总算能乖乖睡午觉了。可是，晚上的入睡时间又成了一个问题。每天晚上，他都特别精神地玩到很晚，入睡时间也越来越晚，从小班时的晚上9点，到中班时的晚上10点，上了大班之后甚至晚上11点才肯安静入睡，放假时甚至会推迟到晚上12点。这让妈妈很纠结，一旦午睡，孩子到了晚上就迟迟没有睡意。晚上早睡了，孩子一夜能睡足11～12个小时，午睡时间就不能入睡了。

午睡对孩子的好处不言而喻，午睡不仅能使孩子精神振作，让他有充沛的精力去参加下午的活动，且高质量的午觉也利于孩子的健康成长。但是，在生活中，像王杰这样的情况并不少见，他们要么晚睡，要么不午睡，这让父母很苦恼。

虽然说午睡对孩子有着不少的好处，但是，过长的午睡时间并不利于孩子的健康。南密西西比大学的约翰·哈斯博士和他的同事对738名2～12岁儿童的睡觉习惯进行了调查，结果显示，有午睡习惯的孩子到了夜里入睡时间会推迟39分钟，午睡时间越长，夜里入睡时间就会越晚。另外，如果午睡时间超过1小时，就会影响到孩子的正常睡眠，还会削弱大脑综合机能，影响其心智发展。

哈斯博士指出，一些孩子夜里睡眠较少可能是因为他们白天午睡；这些孩子需要午睡，可能是他们夜里睡眠少的缘故。因此，对孩子的午睡时间管理一定要适度，不能让午睡影响到孩子晚上的正常睡眠，形成恶性循环，影响其心智健康。父母可以根据以下几种现象来判断孩子需要进行午睡。

（1）在营养和运动量都不缺乏的情况下，孩子的生长发育速度明显慢于其他同龄孩子。

（2）脾气变得暴躁、易怒，经常哭闹，且出现揉眼睛、打哈欠等现象，说明孩子的睡眠时间不足，需要睡午觉来补足睡眠时间。

（3）抵抗力下降，容易生病，甚至患上糖尿病、高血压等疾病。

（4）孩子晚上睡眠时间过长，但睡眠质量不好，早上起得很早。

如果孩子身上出现以上几种现象，说明他需要其他时间来分担睡眠，父母可以培养他睡午觉的习惯。具体可以通过以下几种办法来培养孩子的午睡习惯：

（1）孩子晚上睡眠时间比较充足，且早上起床时间较晚。父母可以帮助他规范作息时间，养成按时起床、按时睡觉的好习惯，以免中午入睡困难。

（2）孩子上午的运动量不充分，导致体能过剩，不爱睡午觉。父母可以增加孩子的运动量，让他产生疲倦感，然后用午间休息来补充能量。

（3）由于外在原因，如家庭环境、父母的工作性质等，孩子尚未养成午睡习惯，父母可以着手为孩子创造较好的午睡条件，比如一个安静舒适的室内环境。

（4）如果孩子是因缺乏某些微量元素而入睡困难的，父母需带孩子到医院检查，及时补充微量元素。

如果各种办法都用尽了，孩子还不愿意睡午觉，那么父母也不必强求孩子午睡，因为强求午睡会影响孩子的情绪和睡眠质量。

有些孩子需要较长时间的睡眠，而有些孩子需要的睡眠时间较短，如果孩子夜间睡眠质量很好，体格发育也正常，食欲也好，那么不管睡不睡午觉都不会影响健康。与其强迫孩子午睡，让他感到压力大，不如让他做些自己喜欢的事情，至少能让孩子保持心情舒畅，有利于亲子关系的良好发展。如果父母强迫孩子睡午觉，孩子的情绪就会受到影响，在情绪激动时入睡，睡眠质量就会大打折扣，甚至会影响孩子晚上的睡眠。长期下去，孩子的心理健康就会遭受危害。

对于孩子睡不睡午觉的问题，难以给出一个绝对的答案，应当综合地、辩证地来看待这个问题。既要保证孩子的睡眠时间充足，又要帮孩子养成良好的作息习惯。因此，父母首先要判断自己的孩子到底属于哪种类型，是需要长时间睡眠还是短时间睡眠就能够保持一天精力充沛，然后再帮助孩子养成一定的习惯，只有适合孩子的，才是正确的。

夜间的睡眠会影响午睡，同样，午睡时间过长或者睡得过晚也不利于晚上顺利入睡。因此，孩子的午睡要定时定点，一般午睡时间安排在正午或下午的早些时候，如下午1点开始睡半个小时到一个小时。当然，培养孩子的睡眠习惯，要观察孩子的状态，如果他能按时入睡，白天不感到疲劳，那么午睡就可以根据孩子的意愿来定了。

父母又吵又闹，给不了孩子一个好睡眠

睡眠对孩子的健康成长至关重要，对孩子的生长发育有着直接的作用。有研究显示，30%的儿童睡眠问题是由睡眠环境差造成的。噪音、缺氧、阴暗、过分强烈的光照及环境污染等，对孩子的睡眠质量极其不利，因此，父母要给孩子营造一个安静、空气流通、光照适宜、整洁卫生的睡眠环境，让孩子拥有优质的睡眠。那么，父母应该如何给孩子打造一个舒适的睡眠环境呢？

1. 保持室内采光通风，给孩子一个舒适的睡眠环境

光是人类生存不可或缺的条件，可以改善孩子的情绪，提

高学习效率。但是，进入睡眠后，光线会刺激孩子的神经，影响孩子的睡眠质量。因此，父母应给孩子提供一个采光照明适度的卧室，这样既能保证视觉机能的需要，又有助于提高睡眠质量。

卧室通风的情况对孩子睡眠质量的影响也比较大。如果孩子的卧室通风不好，空气中的二氧化碳浓度就会过高，使孩子的睡眠质量大为下降，即使孩子进入深度睡眠，也会感到不解乏。因此，父母要注意孩子卧室内的通风情况，最好在孩子睡觉之前打开门窗，让室内的空气流通，再关上门窗。

2. 降低室内噪音污染，给孩子一个安静的睡眠环境

外部环境对孩子的睡眠质量极为重要，强光或噪音等对睡眠影响非常大，尤其是噪音。孩子进入睡眠之后，如果受到噪音影响，很容易就会惊醒，不仅会对他当晚的睡眠质量造成影响，还会造成他精神紧张，影响到往后的睡眠质量。

一天晚上，王先生夫妇在哄孩子入睡之后，坐在客厅里聊近来

工作的状况，可是说着说着就起了争执，王太太一时激动就大声地吼了起来。听到妈妈的吼叫声，5岁的儿子从睡梦中惊醒，哭了起来，夫妻俩急忙来到孩子身边哄他。但是，到了半夜，儿子又突然惊醒，表情紧张，全身颤抖，持续20秒左右又自行入睡，一切恢复正常。

让王先生夫妇担心的是，在接下来的一段时间里，孩子夜里总有惊醒的现象。后来，带孩子去看了心理医生，才解决了孩子夜里惊醒的问题。

有专家指出，当外界的噪音超过40分贝时，睡眠就会受到影响。因此，父母要减少孩子睡眠时的噪音污染，不要大声争吵或说话，应保持室内环境安静，这对提高孩子的睡眠质量有着十分重要的意义。

3. 简化室内装置，给孩子一个安全的睡眠环境

孩子的卧室空间不宜过大。在不影响使用的前提下，孩子的卧室空间越小，就越能让他感到亲切与安全。

尽量不要在儿童卧室内摆放电器，因为电器辐射会损害人体健康。如果儿童房里面装有电视，即使电视正处于待机状态，其辐射还是会影响到孩子的经络运行和血液循环。

另外，不能在儿童床的上方安装吊灯。如果床上方有吊灯，就会给人心理压力，影响内分泌，进而引起失眠、多梦、呼吸系统疾病等一系列健康问题。

4. 注意孩子的睡床摆放位置

12岁的郑文和家人搬进了新家，看到大大的窗户，他就想把床靠着窗户放，觉得这样更加透风通畅。爸爸建议他不要把床摆到窗边，因为这样很容易受到窗外的声音、光亮的干扰，影响睡眠质量。但郑文并不听爸爸的话，仍坚持把床挪到窗边。可是，没想到的是，自从把床挪到了窗边，他就开始失眠，且夜里很容易醒来。

没过多久，郑文就向爸爸求助，说搬进新房子后就难以入睡，且容易醒来。爸爸解释说："文文，这是因为你的床太靠近窗户了，虽然采光和通风比较好，但是人睡觉的时候不需要太多的光亮和风。靠着窗户睡，人在睡着的时候就能感觉到风，在半醒半梦中会感到不安全，因此容易醒来。"听爸爸这么一说，郑文才意识到自己的坚持是多么不理智，因此又把床挪到恰当的位置。从此，郑文睡得踏实多了，睡眠质量也提高了。

要保证高质量的睡眠，床的摆放位置也有讲究。如果像郑文一样把床摆放在窗旁，人在睡眠时就会感到不安全，容易夜醒，如遇大风、雷雨天，这种不安全感就会更加强烈。且睡在靠近窗户的地方，很容易感冒。

第3章

远离细菌，让孩子养成讲究个人卫生的好习惯

孔子说："少成若天性，习惯成自然。"良好的卫生习惯可以使孩子终身受益。对孩子来说，良好的卫生习惯的养成，不仅有利于生长发育、预防疾病、增强体质，还能保护其身心健康。无数事实证明，好的习惯可以造就一个人，坏的习惯则会毁掉一个人。因此，请让孩子从小养成良好的卫生习惯吧。

勤给孩子洗澡、换衣，不要让细菌有隙可乘

干净的孩子谁都爱，脏兮兮的孩子惹人嫌。孩子的新陈代谢速度较快，尤其是婴幼儿，大小便的次数较多，小屁股经常被浸泡得红通通的，如果父母不勤给孩子清洁皮肤和换上干净的衣服，就可能使孩子感染细菌。因此，为了孩子的健康，请父母注意及时给他洗澡、换衣服，千万不能为了一时轻松，让孩子的身体被细菌包围。

人体有200万~500万个汗腺，在人体不断新陈代谢的过程中，体内的尿素、尿酸甘酸、盐分等废物通过汗液排出体外，留在衣服上的"汗渍"就是这些废物的痕迹。特别是在夏天，孩子出汗多，废物也排泄得多，黏附到衣服纤维中，如果不及

时进行清洗，不仅会使得衣服逐渐被酸化而发黄，还会导致孩子的皮肤受到细菌的感染。

常给孩子洗澡最大的好处是可以及时清洁孩子的皮肤，避免患皮肤疾病。另外，经常给孩子洗澡还可以促进孩子的生长发育。洗澡时孩子没有了衣服的束缚，肢体就能更好地伸展。洗澡可以对皮肤产生良性刺激，父母给孩子洗澡，也是对孩子的身体进行一次全方位的按摩，可以促进孩子全身的血液循环，有助于新陈代谢和生长发育。另外，洗澡还可以增强孩子的皮肤对温度、压力的感知能力，提高他的环境适应能力，起到训练皮肤触觉的作用。

其实，孩子的洗澡时间也是父母和孩子亲密接触及交流的好机会。由于孩子年龄尚小，不能独自洗澡，此时需要父母来帮忙。但是，面对一个脆弱的小生命，很多父母不知如何下手，担心下手重了会弄伤孩子，下手太轻又洗不好，还会担心一不小心让孩子溺水。

父母在给孩子洗澡时，要掌握好抱孩子的技巧和洗澡的顺序，多尝试几次，总结经验，可以提前向专业人士或有经验的人咨询并查询相关资料。另外，在给孩子洗澡时，要注意以下事项。

1. 洗澡时间要适宜

给孩子洗澡的时间要适宜。对于婴幼儿，最好选择在孩子吃奶前半个小时，或者是吃完奶后一个小时洗澡，这样才不会因为洗澡而吐奶。稍大一点的孩子，也最好是吃完饭后一个小时再洗澡，不然不利于消化。

2. 要选用儿童专用洗浴用品

孩子的抵抗力较弱，皮肤也比较敏感，洗浴用品最好选用儿童专用产品，少刺激性的，避免刺激性太强的洗浴用品对孩子皮肤造成伤害。另外，孩子要避免和大人混用洗浴用品，防止交叉感染。

3. 给孩子洗浴之前要备好各项物品

在给孩子洗澡前，父母要准备齐全洗澡用的物品，如毛巾、浴巾、衣服等，把所用的物品准备好之后再洗澡，避免洗到一半还要找东西，不仅麻烦，还可能导致孩子着凉。

3岁的紫涵经常因着凉而感冒，原来是因为她有一个丢三落四的妈妈。每次给她洗澡时，妈妈不是忘了给她准备衣服，就是忘记把沐浴露放在哪儿了，经常会把她晾在洗浴盆里，然后去找东西。

父母如果记性不好，最好把孩子洗澡需要用的物品列一个清单，每次在给孩子洗澡之前，可以对照着清单准备好所有的物品。另外，为了避免洗澡水变凉，父母可以把调好温度的一盆水放在旁边，及时往澡盆里加热水，这样可以防止加的水太热而烫到孩子。

4. 注意控制孩子的洗澡时间

孩子的洗澡时间最好控制在5～10分钟。有些孩子比较喜欢玩水，每次洗澡都不愿意出来，就要泡在水里玩，一抱起来就会哭闹。此时，父母可以用玩具或其他孩子比较喜欢的东西来转移他的注意力，不能任由孩子在水中玩太长时间。

　　此外，在给孩子洗澡和洗头发时，要注意不要让沐浴露或洗发水的泡泡进入孩子的眼睛、鼻子、耳朵里。如果不小心跑进去了，父母要及时用棉签弄干净，以免感染。在洗澡时，要顺便注意查看孩子身上有没有什么异常的红点或脓包，及时注意到孩子的皮肤问题，及时治疗，确保孩子的健康。

夏天最好不要给孩子剃光头

很多婴儿一出生，就被父母剃了个小光头。很多父母觉得给孩子剃光头可以让孩子感到凉快，尤其是夏天，不会长痱子，洗起来还比较省事。因此，很多孩子在童年时期都是小光头。

姥姥刚从乡下来到彤彤家里，看着彤彤一头茂密的头发，立刻对妈妈说："夏天马上到了，天太热，不如我给宝宝剃个小光头吧！"

妈妈一听，急忙说："不要，女孩子剃光头多难看啊。"

姥姥说："怎么难看，小光头可好看啦！你和你弟小时候都是我给剃的小光头。"

"您真行！但坚决不能给形形剃！"妈妈坚持不让姥姥给形形剃光头。

姥姥不放弃，接着说："人家说了，经常剃光头的孩子头发会长得好！"

妈妈解释说："老太太，就别听人家说的那些不科学的言论了，剃光头与孩子头发长得好不好并没有直接联系。"

给孩子剃光头是否像姥姥说的那样好呢？专家表示，父母不应轻信那些所谓习俗或传说，夏天并不建议给孩子剃光头。光头不但不会让孩子感到凉爽，反而会使其头部吸收更多的热量，有很大的危害。

1. 头发是头部的天然保护伞，剃光头容易导致孩子被晒伤

有研究表明：头发不仅可以遮光和散热，还有保护头颅的重要功能。首先，当头部受到外界物体的伤害时，如果孩子拥有一头浓密而富有弹性的头发，可以减轻外界物体对头部的

直接伤害。其次，头发就像天然遮阳伞，在炎热的夏天，头发可以使头皮免受阳光的直接刺激，保护孩子的头部健康。如果孩子是光头，整个头皮都暴露在阳光下，一旦防晒工作没有做好，就很容易出现晒伤的情况。

2. 剃光头并不能防痱子，还会降低孩子的抵抗能力

头发本身有调节温度的功能。如果孩子剃光头，就会失去头发的这种功效。本身抵抗力较弱的孩子，再失去了头发的保护，就很容易感冒着凉。

当外界气温或环境温度与人体的皮肤温度相近时，人体热量几乎全部靠出汗来散发。如果气温高于皮肤温度，人体就不能散热，反而从外界环境中吸收热量。头皮吸收的热量越多，皮肤排出的汗水就越多，孩子会感到更热，还起不到通过汗液蒸发来散发热量的作用。如果孩子晒得多了，头皮出汗也随之增多，头皮上的水分蒸发得也就越快。但当孩子在外面疯玩时，他自己并不会意识到需要喝水，也意识不到阳光照射会令皮肤不适，那么他就非常容易中暑和感到头晕不适。

此外，头发有保护头皮、调节气温的作用，能让孩子更适应体温的变化。当孩子从炎热的室外进入空调房时，头发可以缓冲冷气，如果没有头发的保护，孩子就难以适应从炎热到凉爽的交替，容易感冒。

3. 孩子剃光头更容易引起感染

孩子的头皮比较薄、比较嫩，抵抗力也很弱。加上孩子又喜欢乱动，理发师一个轻微的失误就有可能会伤害孩子的头皮，引起感染。如果细菌侵入头发根部破坏了毛囊，就会破坏头发的正常长势，导致受伤部位不长头发。

对于1岁半以下的孩子来说，囟门是需要重点保护的，头发对孩子的小脑袋起到一定的保护作用。孩子剃了光头后，整个小脑袋就完全暴露出来，反而会变得不安全。

4. 剃光头与头发的长势并没有任何关系

在很多地方都有剃"满月头"的习俗，很多父母错误地认为给孩子剃几次光头可以让孩子的头发长得更好。但实际上，这是没有任何科学依据的。皮肤专家表示，孩子头发多与少、发质好与坏、颜色如何等取决于遗传、营养以及孩子的身体健康状况等多方面因素，与剃光头并无直接关系。

因此，父母给孩子理发最好采用"剪"的方式，而不是用"剃"的方式，让孩子的头上还存有头发，以此来保护头皮。

如何对待不爱剪指甲的孩子

　　孩子常剪指甲，既可防止长指甲抓破皮肤，又可以免受病原体的侵袭。可是很多孩子都害怕剪指甲。按道理，孩子并不会从一开始就拒绝剪指甲，而是因为很多父母在剪指甲的过程中，不小心剪到了孩子的肉，孩子感觉到了疼才会产生抗拒剪指甲的心理。因此，父母在给孩子剪指甲时，一定要小心，不要弄伤孩子。

　　一位有经验的妈妈说："孩子的指甲长得特别快，每隔三四天就要修剪一次。但是，我们并不会强迫他，而是抓住适当的时机，等他安静下来的时候再剪，如果挣扎得厉害，就不给他剪了。一般在给他喂奶的时候或趁他高兴的时候剪指甲，他会愿意配合。"

幼儿的指甲长得非常快，以每周0.7厘米左右的速度生长。孩子的手指本来就小，指甲的生长速度又快，因此稍不注意，指甲就会超出指尖，如果不及时修剪，就会给孩子带来伤害：一是长指甲容易滋生细菌和传染疾病；二是孩子对轻重没有判断，很容易用指甲抓破皮肤，使得指甲里的细菌有机可乘；三是长指甲容易折断，并可能伤及皮肤。因此，父母要注意及时给孩子修剪指甲。

可是，很多新妈妈不敢给婴幼儿剪指甲，生怕自己一个不小心就伤到了孩子，因此，只能放任婴儿的指甲肆意生长。其实，只要选择正确的工具，在正确的时间，用正确的方法给孩子剪指甲，就绝对不会伤到孩子。

1. 给孩子剪指甲时一定要温柔，遵循孩子的意愿

婴幼儿本来就很脆弱，父母一定要温柔待之，剪指甲时更要温柔。如果孩子不愿意，哭闹、挣扎，请停止修剪，否则，会引起孩子对剪指甲的抗拒心理。另外，在工具的选择上，一定要选择婴儿专用的指甲钳，一般来说都是钝头的，前端呈弧

形的小剪刀或指甲钳，尤其是有塑料保护架的更佳，可以防止伤到宝宝，既方便，又安全。

2. 选择适宜的时间给孩子剪指甲

睡梦中的婴儿对外界的敏感度大为降低，父母可以选择在其睡着之后进行指甲修剪。对一两岁的孩子一般在其睡着或喝奶时修剪。3岁以上的孩子应在父母的肯定中修剪指甲。这个时期的孩子能够领会父母的意图了，父母可以告诉他剪指甲的目的，剪完后要给予肯定和表扬。要注意，不要弄伤宝宝或在宝宝情绪不佳时强行剪指甲，以免他对剪指甲产生抵触情绪。

3. 掌握一些给孩子剪指甲的窍门

掌握一些窍门，能让孩子更好地配合你。比如，别面对面给孩子剪指甲，因为当孩子看到你小心翼翼的动作时，他的紧张和恐惧感会增加。另外，给孩子剪指甲要剪得彻底，剪完之后最好锉一锉，以防尖锐的地方划破皮肤。孩子的指甲剪完后，有污垢的，父母要为他清理干净。

当心玩具把细菌带给孩子

如今，儿童玩具的种类越来越多。好的儿童玩具有利于儿童智力的开发，但部分有害的"毒"玩具却给孩子的生长发育带来了一定的危害。

父母在给孩子挑选玩具时，一定要挑选质量和安全达到标准的，有明确厂址和电话的企业生产的玩具，切忌贪小便宜，在地摊上随便买一些玩具，给孩子的健康带来危害。

为了孩子的健康，请父母在给孩子买玩具时远离以下几种类型的"毒"玩具：

1. 含铅玩具

众所周知，铅对人体的危害很大，影响人的中枢神经系统的健康发育。如果给孩子买了含铅的玩具，在玩耍的过程中，孩子就很容易吸入铅，导致铅中毒。因此，在购买儿童玩具时，一定要远离用含铅喷漆或油彩制成的儿童玩具。

2. 噪音玩具

能发声发光的玩具是颇受欢迎的儿童玩具之一。但是，如果玩具的噪音过大，不仅不能引起孩子的兴趣，还容易吓到孩子。儿童对声音的敏感度比成年人高，一般噪音超过120分贝时，对孩子就是一种伤害了。如果儿童长期受到噪音的影响，就会出现头疼、头晕、情绪紧张和记忆力衰退等症状，还会出现易怒、易激动等现象。

3. 重金属玩具

有些玩具装饰"豪华"，非常好看，但是其表面含有重金属，对儿童的伤害是非常大的。孩子喜欢啃玩具，不管是什么都往嘴里放，而这些玩具中含有砷和镉等活性金属，这会对孩子造成伤害。

4. 细菌玩具

布娃娃等绒毛玩具大部分都有中度或重度细菌污染，尤其是存放时间较长的，而且这类玩具不易消毒，孩子在玩此类玩具时，很容易沾上细菌。因此，对一些绒毛玩具要进行消毒，或者扔掉，以免孩子感染细菌，引发病症。

父母在给孩子挑选玩具时，不要只注重玩具的性能和价钱，还应考虑制造玩具的材料对孩子的健康是否存在威胁，因为玩具的毒性是看不到的，经常会被父母忽略，但又在伤害着孩子的健康。

一般来说，正规的玩具都会有使用说明书，写明玩具的制作材料。如玩具无说明书，最好不要购买。小摊小贩卖的玩具可能存在很大的安全问题，最好不要购买，以免玩具上的细菌危害孩子的健康。

保持室内整洁，让孩子不好意思乱扔垃圾

讲究个人卫生是个好习惯，一旦养成，孩子的一生都将受益。病从口入，大部分的疾病都与个人卫生习惯密切相关，饭前便后洗手，早晚刷牙，勤换衣、勤洗头、勤洗澡，搞好房间卫生，等等，这些看似微小的事情，却可以隔断孩子与细菌源，提高孩子的生活质量。

井井有条的生活环境能给人带来舒适感，但对4岁左右的孩子来说，乱糟糟的环境更能让他感到愉快，因为这个时期的孩子脑子里还没形成"秩序"的概念，所以他们很难养成自觉整理收拾东西的习惯。因此，父母要采取巧妙的方式去引导4岁以前的孩子，教会他们懂秩序，养成讲究个人卫生的好习

惯。但需要注意的是，父母千万不能简单地采取强制性的手段去要求孩子，因为这会引起孩子的反抗心理，而应用潜移默化的方式去感染孩子。

　　妈妈好不容易才把客厅收拾好，把玩具各归各位，可是，3岁的振宇一起床，客厅就又像被打劫过一样，变得乱糟糟的，因为他每次玩玩具都要把所有的玩具拿出来，而且玩到哪里就扔在哪里。妈妈决定改变儿子，引导他养成良好的生活习惯。

　　星期六的早上，妈妈并不像往常一样把振宇的玩具各归各位，而是任由它散乱各处。振宇起床吃过早饭之后，果然又开始玩玩具，可是不一会儿，他便大声问："妈妈，我的小汽车哪里去啦？我怎么找不到它！"

　　妈妈说："你昨天放哪里去了？"

　　"不记得了。"

　　"你瞧，玩具找不到了吧，我们一块儿找找吧！"

　　妈妈和振宇一起找小汽车，找到之后，妈妈接着说："宝贝，每次玩完玩具之后，我们都要把它们整理好，就像妈妈以前帮你整理一样，这样第二天你就可以轻易地找到了，是吧？"

振宇想了一下，说："是的，妈妈，等一下我玩完之后，就把它们放回玩具箱里，这样明天我就可以直接在玩具箱里找到它们了。"

"真是好孩子！"妈妈欣慰地说。

当孩子乱翻东西或把玩具扔得找不到的时候，父母切不可不问青红皂白，一顿训斥，甚至体罚孩子，或把玩具锁起来，不让孩子玩以示惩罚，以为这样子就可以让孩子树立秩序观念，然而，这样只会激起孩子的反抗心理。父母可以像振宇妈妈一样，以温柔的方式告诉孩子需要遵守的秩序，让孩子慢慢地形成秩序的概念，为他以后养成爱整洁的习惯打下基础。

4岁以后的孩子已经开始明白什么是"秩序"，此时，父母要有意识、有目的地引导孩子守秩序、爱整洁。教育孩子讲究个人卫生，千万不要用生硬的口气去指责。如果孩子自己收拾房间，不能只指责他这里收拾得不够整齐，那里没有收拾好，这不仅会打击孩子的自信心，还会让孩子失去收拾的兴趣。父母可以从以下几个方面来培养孩子讲究个人卫生的好习惯。

1. 教会孩子最基本的自理，保持身体及服装的整洁

没有人会喜欢一个邋遢的人，讲究个人卫生既是对他人的尊重，也是获得他人尊重的方式。所以，父母要从小培养孩子基本的自理能力，让孩子独立定时去洗手、刷牙、洗脸、洗头、洗澡等，保持个人身体及服装的整洁。

2. 病从口入，让孩子养成卫生的饮食习惯

父母要让孩子养成饭前便后洗手的好习惯，不能任由孩子用手抓食菜肴，要尽早地教会孩子使用餐具，在吃瓜果之前要洗干净，等等，这些都是良好的卫生饮食习惯，可以防止孩子病从口入。

3. 让孩子注意维护公共环境

孩子也是社会的小公民，也要注意维护公共卫生，这是讲

社会公德的表现。父母一定要注意培养孩子维护公共卫生的好习惯，不乱扔果皮，不随地吐痰、大小便，等等。可是，在现实中，父母带孩子出门逛街时，孩子刚好要大小便，有些父母图方便，直接让孩子在路边进行，以为孩子年纪小，不会有什么影响。其实，这不仅影响孩子良好卫生习惯的养成，还不利于孩子个人品质的健康成长。

4. 树立榜样，父母要保持家庭环境整洁

父母要给孩子提供一个卫生、整洁的家庭环境。在干净的家庭环境中，孩子才会潜移默化地养成爱整洁的好习惯。

5. 提高孩子对美的正确认识

爱美之心，人皆有之。孩子从小就对美有追求，但其认知能力尚未成熟，在追求美的途中还缺乏鉴赏能力和必备的知识，往往是通过表面的模仿来实现。父母作为孩子最直接的模仿对象，要以身作则，注意自身的言行举止、服装打扮，将健康、正确的审美观念传递给孩子，让孩子对美形成正确的认识。

CHAPTER 4

第4章

疾病早预防，为孩子
健康成长保驾护航

儿童处于快速成长期，其整体免疫力和预防疾病的意识都没有成年人强，因此，儿童是细菌的主要目标，容易患各种疾病。那么，对儿童流行疾病，父母该如何教孩子进行预防呢？

积食不是小问题，几个小妙招有效缓解

儿童的肠胃功能尚未发育完善，暴饮暴食很容易引起体内食物堆积，消化不良而诱发积食。

每逢佳节，很多父母都会准备大量的食物来欢度节日。很多平时吃不到的零食也被买了回来，放在客厅里让孩子吃，然而孩子的自制力较差，只要看到自己喜欢吃的东西，就吃得停不下来，小肚子常常吃得圆滚滚的。而这时，也是孩子积食问题的高发期。

孩子一不小心吃多了，就会出现积食，那么孩子积食有哪些明显的症状呢？

（1）孩子睡不安稳，经常在睡觉时不停翻动，还会磨牙。

（2）孩子食欲不振，前几天可能胃口大开，近几天又不怎么想吃东西或吃得很少。

（3）孩子经常不明原因地哭闹。

（4）孩子经常说自己的肚子疼，且平时孩子的肚子看起来胀大。

（5）孩子的鼻梁两侧发青，舌苔白且厚，口中还会有酸腐味。

俗话说："要想小儿安，三分饥和寒。"意思就是要想孩子不生病，就不要让孩子吃得太饱、穿得太多，七分饱是最好的状态。如今物质生活丰富，太多的营养品充斥着孩子的世界，但即使食物再有营养，也不能让孩子吃得太多，否则不但不能让孩子吸收营养，反而会引起积食，损害孩子的身体健康。

积食不是小问题，时间长了会造成小儿营养不良，影响其生长发育。因此，父母要及时发现孩子的积食问题，让孩子适量地做运动，吃一些清淡的食品。父母可以把握以下几个小妙招，来缓解孩子的积食问题。

1. 按捏疗法

按捏是一种十分常见的治疗方法，可以治疗多种常见的小儿疾病，如积食、厌食、腹痛、呕吐、便秘等，以及对孩子脾气急躁、睡不踏实、爱哭闹等也有改善作用。

（1）捏脊。让孩子面部朝下平卧，父母用两只手的拇指、食指和中指捏其脊柱两侧，随捏随按，由下而上，再由上而下，捏3～5遍，每晚一次。

（2）揉中脘穴。胸中与肚脐连线的二分之一处，即中脘穴。父母可以用手掌根旋转按揉中脘穴，每日两次。

（3）按涌泉穴。足底心即涌泉穴。父母可以用拇指压按涌泉穴，旋转按摩30～50下，每日两次。

2. 饮食调节

积食主要是饮食不当引起的，要想解决问题，必须从根源抓起，即管好孩子的嘴，也就是注意日常饮食。培养孩子规律的饮食习惯，三餐定时定量、均衡膳食。即使是过节期间，也不要任由孩子吃太多的零食，以免消化不良。

在给孩子准备三餐时，父母要注意以下几点：

（1）三餐不要太油腻，凉拌、蒸、炒的烹饪方法是比较健康的，避免给孩子吃太多油炸食物，应该给孩子选择容易消化的米粥、面汤等，还要多让孩子喝水。

（2）孩子三餐要定时定量，不能让孩子今天晚上6点吃晚饭，明天到晚上9点还没吃晚饭，这会对肠胃造成负担，不利于消化。

（3）一日三餐中，晚餐要少吃。中国大多数家庭对三餐饮食有一个错误的做法：早餐、午餐将就，晚餐吃得非常丰盛。这是由于很多父母到了晚上才有更多时间下厨，因此把最丰富的一餐留在了晚上。但是这对孩子的身体非常不好，还容易引起积食。孩子白天运动量大，因此消化也会快，但到了晚上，胃蠕动慢了，消化能力也会比白天弱，如果此时还吃很多食物，就很容易造成积食。因此，在安排孩子的晚餐时，不能让孩子吃得太饱。

3. 运动疗法

孩子吃饱之后，请不要让他在床上躺着，而要鼓励孩子出去散步，帮助消化。当然，并不是刚刚吃饱就进行运动，最好休息半个小时之后，再做适当的散步活动，促进肠胃的蠕动和消化。

孩子为什么那么容易感冒

孩子的身体比较弱，免疫系统尚未发育完善，抗病能力比较弱。孩子的身体机能还不能很好地调节冷暖，一遇到天气变化，就容易感冒。如果不及时进行治疗，就会引起更加严重的并发症。

孩子患了感冒，大多表现为流清水样鼻涕、打喷嚏、鼻塞、发热、咳嗽。感冒如果治疗不及时，就会引起比较严重的并发症，这主要是因为合并了细菌性感染，引发化脓性扁桃体炎、支气管炎和肺炎等，表现为高热不退、呼吸急促、咳浓痰等。

因此，父母要重视孩子的感冒，不要以"扛一扛就好了"的观点去对待孩子，否则会引发严重的后果。但是，孩子感冒，父母也不能小题大做，过于紧张而给孩子过度用药，造成不必要的后果。在给孩子服用感冒药时，要注意以下几个方面：

1. 谨慎使用抗生素

有些父母一看到孩子感冒，就给孩子服用抗生素，这种做法是不正确的。孩子一般不需要服用抗生素，只需要加强护理，适当地休息，多喝水，多吃清淡易消化的食物，这样很快就可以恢复健康。

2. 加强对孩子的护理

孩子感冒后，父母的悉心护理非常重要。首先要保证孩子的休息时间，不能任由他玩耍，充分的睡眠是治疗感冒的良药。

感冒是孩子的常见疾病，大都是由病毒引起的。因此，孩子感冒后，父母不要随便给孩子使用抗生素，应选用一些抗病毒药物和清热解毒的中成药，且剂量不宜过大，服用时间不宜太长（3天左右）。多喝白开水有助于药物的吸收与排泄，所以一定要让孩子多喝白开水。

感冒对于孩子来说，是一个不大不小的敌人。当父母不注意它时，它就会变本加厉地攻击孩子的身体。因此，孩子感冒时，父母一定要采取积极主动的态度，加强孩子的抵抗力，让感冒病毒在人体严密的防范下败下阵来。

另外，如家中某一位成员感冒了，应马上减少与孩子的接触，并注意卫生，避免把病毒间接传染给孩子。

孩子发烧有必要马上吃退烧药吗

由于孩子身体的冷暖调节机制尚未发育成熟，受气候的影响，孩子很容易发烧。夏天，外面非常炎热，回到室内，空调房里又非常凉爽，孩子的身体无法适应冷热交替，很容易感染细菌，而发烧是人体与病菌抗争的一种免疫反应。

孩子的正常体温是36℃～37℃，当其耳温或肛温超过38℃时，应视为发烧现象。因此，当孩子发热时，父母不可忽视，要注意排除外在因素。

发烧本身并不是一种病，前面我们提到，它只是身体对抗外来病原体侵袭所出现的正常反应。父母往往怕孩子烧出毛病来，就不时地给孩子服退烧药，结果，即使温度暂时降了下来，不久也会再度上升。正确的方法是及时给孩子补充一定的营养和充足的水分。如果确实需要给孩子服用退烧药，也要谨遵医嘱。

即使孩子发烧，体温较高，父母也不必如临大敌。相反，如果此时孩子的体力和精神都很不错的话，那就无须太过担心。

若是孩子出现高烧不退，同时还伴有意识不清、严重呕吐、活动力差等症状，那就可能是比较严重的病症，应马上就医急诊。

孩子身体发热时，父母不可忽视，首先要确定孩子是否发烧了。很多父母经常摸摸孩子的前额，以判断孩子是否发烧，其实这并不精准，最好是用体温计，分早、中、晚三次给孩子检测体温。测体温时，最好在腋下测体温，注意不要隔着衣服，否则测出来的结果不准确。尽量不测量口温和肛温，以免给孩子带来不适和恐惧感。孩子腋下体温37℃以下为正常，如果体温持续超过37.5℃时，就应视为有发烧现象。不过，有时一些外在因素也可能引起孩子体温的上升，比如刚洗完澡、刚喝完奶、周围环境太热等。所以，当孩子体温升高的时候，要排查一下这些因素。

夏天是儿童发热的高峰期，但大多是由气候所致，并不代表孩子生病，父母可用以下方法解决：

（1）松开孩子的衣被。孩子发烧时，父母不要捂着孩子，比如要求孩子穿过厚的衣服或裹着棉被。这样会阻碍身体散热，导致体温上升。父母要做好降温措施，可用冰袋，也可用毛巾浸水敷于额部、腋窝、肘部、腹股沟处，每2～3分钟更换一次。

（2）用温水给孩子洗澡。父母可用温水（37℃左右）温湿毛巾搓揉孩子全身或让他泡澡。温水可使皮肤血管扩张，增加散热；另外，水分由体表蒸发时，也会散失一部分热量，孩子的体温可降低一两度。但是，让孩子在发烧时洗澡，有些孩子会感觉到不舒服，如果孩子排斥这种方式，也不要勉强。

（3）让孩子多喝水，吃流质食物，以免脱水，也可以促进皮肤出汗而散热，达到退烧的目的。白开水是不错的选择。如果孩子有呕吐或腹泻等症状，请咨询医生是否需要给其补充专用的电解质饮料。

一般来说，孩子发烧时不要轻易给他服用退烧药，否则会干扰孩子体内的免疫系统，导致孩子的病情加重。如果物理降温无效，可服用退烧药，用药时需注意一些事项：孩子体温达到38.5℃时，再开始服药，每次服药要间隔4～6小时。另外，值得注意的是，服用退烧药时，要注意药品的副作用。

对儿童皮肤病应如何处理

孩子的皮肤比较娇嫩，容易受到天气和居住环境等影响，而患皮肤病。皮疹、痱子和药疹是比较常见的儿童皮肤病，父母要及时发现，并带孩子进行治疗，采取切实的预防措施避免儿童患皮肤病。

1. 如何对付痱子

痱子是夏天儿童最常患的一种皮肤病，和其他病症一样，它影响孩子的食欲、睡眠和全身健康。

痱子的形成主要是因为汗液得不到正常的排泄，渗入周围组织中引起刺激，从而出现疱疹和丘疹。夏季温度高、湿度大，儿童出汗多，但不容易蒸发，因此汗液就会浸渍到表皮角质层，导致汗腺导管口闭塞，汗腺导管内汗液滞留后，因内压增高而发生破裂，汗液渗入其他组织引起痱子。有的医学专家认为，汗孔的闭塞是一种汗孔的原发性葡萄球菌感染，与环境的热和湿有关系。

痱子有三种类型，即红痱、白痱、脓痱，其症状各有不同。

红痱子最为常见，可发生在任何年龄段，多出现在孩子的头部、面部和臀部，表现为针头大小密集的丘疹或丘疱疹，有轻度红晕。

白痱子主要是汗液在角质层内或角质层下溢出而形成的，主要出现在高温引起大量出汗后，有些长期卧床或身体较弱的患者身上也会长，一般发生在颈、躯干等处。其症状为长出多数针尖至针头大浅表性小水疱，壁极薄、微亮、无红晕，无自觉症状，轻擦之后易破，干后有极薄的细小鳞屑。

脓痱较为少见，但具有可继发性感染，常发生在皱褶部位，如四肢屈侧和阴部，小儿头颈部也常见。

以上三种痱子，不管哪一种都很容易发生在孩子身上，容易引起瘙痒，导致孩子吵闹不停。如果父母不注意，孩子控制不了自己，就会用手抓破，从而可能感染细菌生成脓疱疮和小疖子，甚至有的孩子会引发败血症而死亡。

痱子并不是什么大病，只要注意护理，就能很快痊愈。对于红痱子患儿，父母要注意保持其皮肤清洁，涂抹痱子水之类的药物即可；白痱子患儿一般不需要特殊处理，只需要做好皮肤清洁和通风即可；对于脓痱子患儿，不仅要保持皮肤清洁，做好通风，还要进行有效的抗感染治疗，避免孩子受到细菌感染。如果孩子的皮肤出现感染并伴有发热症状，要及时送至医院治疗。

痱子是可以预防的，在日常生活中，父母要注意保持儿童皮肤清洁，给其勤剪指甲、勤洗澡，穿比较宽松、柔软的衣服，让孩子的皮肤得以充分呼吸，并注意居室通风。

2. 如何对付"红屁股"

"红屁股"是婴幼儿比较常见的一种皮肤病，它又称为尿布皮炎。如果孩子的湿尿布长时间没有更换，其粪便中的氨就会形成细菌，刺激婴儿娇嫩的皮肤引起皮炎，就是通常所说的"红屁股"。

造成红屁股的主要原因是一次性尿布的使用，因为一次性尿布吸水性强，但透气较差，如果父母没有及时给孩子更换，就会导致其被包裹的阴部和臀部出现红斑、丘疹性皮炎，有时还会蔓延到大腿及下腹部，形成浅溃疡，因此孩子的屁股就会很快红起来。这主要是念珠菌惹的祸，婴幼儿的腹股沟、肛周、脐部等皮肤褶皱处是念珠菌的"乐园"，它们在这里生殖繁衍，导致红斑糜烂，周围形成水疱、脓疱。

婴幼儿得了"红屁股"，父母不用过于着急，也不需进行专门治疗，更不要用热水来给孩子止痒，而应外涂锌氧油。臀部有较严重的溃烂和液体渗出时，可以用灯泡照射治疗，即距宝宝臀部50厘米左右，每天照射2～3次，每次15分钟，使之干燥，再涂1%鞣酸软膏。如果仍不见好转，应警惕其他感染，把孩子送往医院进行治疗。

3. 如何对付常见的药疹

有些孩子使用某种药物之后会引起药物过敏或药物中毒，从而产生皮疹。一般来说，儿童用过某种药，如果过敏的话，过几天就会出现皮疹。

孩子如果是因药物过敏而产生药疹的，要立即停药，带孩子去医院进行治疗。

预防药疹最好的方法是注意引起儿童过敏的药物，如一些阿鲁片、巴米尔等解热镇痛药，以复方新诺明为代表的磺胺药，口服安必林、肌肉注射的青霉素、静脉点滴用的氨苄西林等青霉素类药，其他各种疫苗和一些中草药也可引起药疹。如果发现孩子对某种药物过敏，一定要做好记录，下一次不要再给孩子使用相同的药品。

对儿童腹泻应如何处理

儿童腹泻可分为生理性腹泻和病理性腹泻。生理性腹泻大多是因为儿童的消化功能不完善，肠胃差，免疫功能低下，不能正常地对饮食进行消化，对此父母不必过于担心。最重要的是，父母要了解一定的腹泻治疗方法，这对孩子日常护理有着重要作用。

有些婴幼儿生下来没几天就一直腹泻，每天大便稀稀拉拉，呈黄色或黄绿色水样，一天少则几次，多则十几次，时间可持续长达几个月，甚至半年，这称为生理性腹泻。

对小儿生理性腹泻，有些父母不了解，心里着急，以为孩子是得了什么疾病，因此四处求医，给孩子吃了不少药，也花费了不少精力，可是孩子的腹泻却并没有好转。

小儿生理性腹泻是因为小儿的消化能力具有一定的限度，如果父母给孩子吃的食物超过他的承受范围，就会发生腹泻。特别是用浓缩奶喂养的时候，这种不加稀释的奶由于营养成分过高，孩子不能完全消化吸收，因此容易发生腹泻。

治疗生理性腹泻，并不需要药物治疗。是药三分毒，对孩子没有什么好处。对付生理性腹泻，最好的方法是加强护理，勤换尿布，用温水清洗臀部以及阴部，并用软膏涂抹，以免引发局部感染。

但是，父母需要警惕由生理性腹泻引发的病理性腹泻。如果孩子的大便次数突然增加，大便内水分增多，有臭味，就很可能是其他因素加重了腹泻，此时应该寻找原因，排除造成腹泻的新因素，直到孩子彻底恢复。

按病情的轻重，病理性腹泻又可以分为三种：单纯性腹泻、中等型腹泻和中毒性腹泻。三种腹泻的症状不一样，采取的治疗方式也不一样。

（1）单纯性腹泻大多由于饮食不当或肠道外感染，使肠道内病毒或非侵袭性细菌增多，引发感染，出现胃肠道症状。此种腹泻一天多在10次以下，有的也可达10次以上，但每次的便量并不多，比较稀薄或带水，无发热症状。此类腹泻症状较轻，无脱水症状，多在几天后痊愈。

（2）中等型腹泻大多是肠道内感染所致，一般是急性起病，也可能是由单纯性腹泻逐渐加重转变而来。除了具备单纯性腹泻的症状以外，还有轻微的脱水、电解质紊乱及全身中毒等症状。

（3）中毒性腹泻会引起全身症状，如发热、烦躁不安、精神萎靡、意识不清，甚至出现昏迷。此类患儿无食欲，呕吐、腹泻的频率每天十几次，甚至几十次，粪便呈水样或蛋花汤样，向外溅射，外观为黄绿色、黄色或微黄色，水量多而粪质少，甚至出现脱水症状，严重者可引起循环障碍和休克。中毒性腹泻还会导致儿童酸中毒，表现为呼吸深长，甚至昏迷，这是比较严重的一种情况。此外，还可能导致电解质紊乱，比如低钾血症、腹胀、心率减慢、心律不齐等。如不及时治疗，可能危及生命。

因此，父母要学会判断孩子得了哪种类型的腹泻，才能更好地对症下药。

夏季和秋季是儿童腹泻的频发阶段。夏季腹泻多由致病性大肠杆菌和痢疾杆菌引起，可使用抗生素；秋季腹泻多由轮状病毒引起，不宜使用抗生素治疗。

预防腹泻的关键在于严格把控孩子的饮食。病从口入，尤其是腹泻，大多是由饮食引起的，因此，父母要严格把控好孩子的饮食习惯，拒"病"于外。

（1）不要让孩子喝生水。即使是凉开水，如果放置时间太长了，也不要让孩子饮用。

（2）注意对孩子的各种用具进行严格消毒，如生活用具和玩具要定期进行消毒。

（3）夏天谨防食品变质问题。

（4）让孩子注意个人卫生，平时多鼓励孩子勤洗手、勤剪指甲等。

（5）定期对房间进行消毒。

（6）多带孩子到室外运动。晒太阳和参与各类运动有助于提高孩子的免疫力，有助于杀死身上的病原体。

（7）合理控制孩子的饮食。有些食品即使孩子很喜欢吃，也不要给他吃太多，以免消化不良。

CHAPTER 5

第5章

净化室内空气，小心居室"健康杀手"

儿童正处于发育阶段，其新陈代谢较快，又比较好动，因此其呼吸频率较快，呼吸量按体重比计算比成人高50%，同时其身体防御系统发育不够完善。因此，空气中的污染物对儿童健康的危害要超过对成年人的危害。因此，父母要注意净化室内空气，让孩子远离室内污染物。

空调用错，孩子将来一身病

　　高温和高湿度是威胁儿童健康的两个"杀手"：儿童的身体对温度的适应性差，高温容易导致孩子中暑、脱水甚至猝死；而高湿度会加剧中暑的严重性，也会刺激儿童的呼吸道，引发哮喘，儿童患痱子、湿疹等皮肤炎症也是高温和高湿度引起的。

　　空调可以给人们提供舒适的环境，但毕竟这个环境不是自然状态。空调可以使室内的空气得以循环，但在反复过滤的过程中，空气中的负离子就会减少，而阳离子会不断增多，这会影响空气的清洁度。这就是为什么如果我们久居空调房内，就会感觉到头痛、头晕、浑身乏力，甚至引起鼻炎、咽喉炎等病症。父母在使用空调时，要注意以下事项：

1. 空调温度要适宜，不宜过高或过低

在使用空调时，应将室温控制在25℃～27℃为宜，室内外的温差控制在6℃～8℃为佳，风力不宜过强。此外，空调的安装位置应避免对着孩子的床，特别是不要让孩子站在或睡在送风口下，避免冷风直吹。送风口是最容易滋生细菌的地方，如果孩子站在风口下，细菌就会通过呼吸进入肺里。

2. 经常开窗，进行室内换气

在空调房内，很多人贪图空调带来的凉意，觉得打开窗户房间里面的凉意就没了，于是就长期关着门和窗户，其实这种做法是错误的。尤其是有新生宝宝的家庭，更是要时不时地打开窗户以通风换气。

空气中的负离子在空调的过滤下会不断减少，阴阳离子的失调会造成人体生理功能紊乱。因此，即使有空调，父母也要尽可能地利用自然风来降低室内温度。例如，孩子睡觉前，

把空调温度定在26℃～28℃，给孩子盖上薄毯子，等他进入深度睡眠后，父母可以把空调调至通风挡，并适当地打开窗户换气，以保持室内空气的新鲜。

有条件的家庭最好使用开放系统机种的空调机，以保持室内空气新鲜。无论是夏季还是冬季，人在空调房内待一两个小时后，就应开窗换气。如夏季可在清晨4～5点钟，冬季可在下午1～2点钟，把门窗打开，促进空气的流通。

3. 定期进行空调清洗

有一些家庭从装上空调那天，就没进行过清洗，一直使用到它报废；也有一些家庭一年中到了年底大扫除时，才会对空调进行一次清洗。其实，空调的空气过滤网最好半个月清洗一次，因为长时间不清洗，那些分布在滤网中的毛屑、灰尘等杂质就会随着室内空气的循环而飘散在空气中，导致室内空气质量下降。儿童一旦吸入这些物质，就会引发呼吸道过敏或咳嗽。空调过滤网的清洗非常简单，把过滤网拆下来，直接放到水龙头下用清水冲洗就行。

由于空调的湿度调节器是助长细菌扩散的工具，因此，父母可以给孩子房间的空调增装除湿器，以降低室内相对湿度，从而起到防止细菌滋生的作用。也可以使用消毒剂对空调进行清洁，以杀灭空调装置中的微生物。消毒剂可以反复使用，以防微生物再生并繁衍。

4. 要给孩子多喝水

在空调房里待久了，人就会感到口干舌燥。儿童的皮肤水分调节能力比较差，因此，父母要多让孩子喝水。

5. 孩子不宜过长时间待在空调房里，且要注意保暖

儿童的皮肤比较娇嫩，在进入空调房之前，父母要先给孩子擦干身上的汗，可以洗个温水澡，衣服应选择柔软、吸湿、透气性较好的，注意给孩子的肚子保暖。

孩子不应整天待在空调房内，清晨或黄昏时，室外的气温较低时，父母最好带孩子到户外活动，让他呼吸新鲜空气，加强身体的适应能力。

当孩子进入空调房时，不宜立马把空调温度调得太低，使得室内外的温差过大，否则孩子容易着凉。也不能让孩子从低温的室内直接走到高温的室外，出门前可以先找个阴凉一点的地方活动片刻，或者在出门前半个小时先把空调关掉，让身体慢慢适应温度的变化。

当孩子剧烈运动之后，切勿让他立即进入空调房。因为运动之后毛孔是张开的，当他进入低温的室内时，张开的毛孔就会骤然收缩，容易受凉致病。

装饰家居不仅要追求好看，更要讲究科学环保

家是人类赖以生存的主要场所。据统计，现代人平均有90%的时间在室内，其中，又有65%的时间在家里，儿童则有80%以上的时间是待在室内。儿童较成年人更容易受到室内空气污染的危害，因为儿童正处于新陈代谢的旺盛时期，每天的呼吸量按体重比计算比成人高50%。可想而知，家居环境对孩子的健康有着重要意义。

近几年来，建筑技术迅速发展，各种新型材料不断进入建筑和室内装饰行业，使得现代建筑更加牢固、华丽。然而，各种装饰品，如墙纸、地板以及新添的家居用品等，可能会散发出酚、甲醛、石棉粉尘、放射性物质等，这些物质会对人体

造成一定的危害，轻者引起头晕、失眠、皮肤过敏等亚健康症状，重者导致疾病。

另外，大多数建材，如胶合板、地板、家具、壁纸等，往往含有福尔马林树脂（或脲醛树脂），它们不断地向室内逸散甲醛，且持续时间很长。甲醛是室内空气污染的"主犯"，是一种无色带辛辣味的刺激性气体。人体吸入甲醛之后，会产生不良反应。少量的甲醛会造成眼结膜炎、鼻炎、咽喉炎等；而吸入过多的甲醛可能造成喉痉挛、肺水肿、肺炎等，甚至导致死亡。

如今，甲醛已被确认为致癌物质，据流行病学调查发现，长期接触甲醛的人，可能患鼻腔、口腔、咽喉、皮肤、消化系统的癌症。因此，为了减少家居装饰中散发出的甲醛对人体健康的危害，医学研究者建议，在新房建成之后，至少要一年才能入住。另外，新居装修完毕之后，应注意保持室内良好的通风，尤其是儿童房，因为儿童对甲醛的耐受力较成人差。

长期接触环境中的各种污染物，可能会对儿童的神经、免疫系统造成损伤，对生殖功能发育造成影响，而这些损伤往往在成年期才会显现。室内环境污染对儿童健康会产生以下几种伤害。

1. 诱发儿童血液病

有研究表明，装修材料中含有的放射性物质等与儿童白血病具有紧密的联系。北京儿童医院血液科的统计结果表明，该医院接诊的白血病患儿当中，有90%其家庭在半年之内装修过住宅。

2. 增加儿童哮喘病的发病率

世界卫生组织宣布，全世界每年有10万人因室内空气污染而死于哮喘病，其中35%为儿童。

3. 造成新生儿先天性异常和患心脏疾病

美国一个生育缺陷监控项目组对9000名新生儿进行跟踪研究，发现如果孕妇在怀孕期间吸入被污染的空气，日后生出的孩子更有可能患上心脏方面的疾病。而在严重污染的空气中生活的孕妇，她们所生的孩子患上心脏疾病的可能性是呼吸清新空气的孕妇所生孩子的3倍。

室内环境污染对孩子健康的危害不容忽视，因此，在装修儿童房时，室内环境安全问题是考虑的重中之重，不仅要个性化装修，更要环保、健康、绿色。

1. 室内空气质量预评估达标再入住

在装修设计时，要对室内空气质量进行预评估，预测装修之后的室内环境中有害物质释放浓度，并预留一定的释放量浮动空间。另外，还要对室内家具进行评估，因为即使装修后的室内环境达标，家具也会释放一定量的室内环境污染物质。

2. 注意保持通风

每天定时开窗通风，即使在寒冷的冬天，也要打开窗户，让室内换气，保持室内空气新鲜。每天开窗换气的次数不少于2次，每次不少于20分钟，且宜选择在上午或中午开窗。当然，如遇上大雾、风沙等恶劣天气，为了安全，可以暂时不要开窗。

3. 儿童房应有合适且充足的光照

合适且充足的光照不仅可以让房间更加温暖、有安全感，有助于消除孩子独处时的恐惧感，还能避免光线不足影响孩子阅读、玩耍等，保护孩子的视力发育。

4. 适当绿化室内环境，有助于净化空气

合理地添加植物是优化室内空气质量的一个简单且实用的方法。在儿童房内适当地摆放一些绿色植物，在一定程度上能够起到净化空气、清除污染的作用，但并不是所有的植物都适合摆放在室内。比如仙人球、月季等带刺的植物，以及带有花粉的一些花卉都不适宜在室内养植。

吊兰能吸收一氧化碳和甲醛，天南星能吸收苯和三氯乙烯，蔷薇可吸收硫化氢、氟化氢、乙醚……此类植物有利于净化空气，适合在室内养植。

5. 注意检查室内环境

父母一旦发现室内环境中有异常气味，且原因不明，一定要提高警惕，及时通风。有条件的可以请室内环境检测机构进行检测，确定污染原因，并根据实际情况采取相应的措施。此外，在室内相应的位置摆放一些活性炭雕塑，也可以起到净化空气的作用。

从根源清除厨房的"毒油烟"

厨房油烟也是室内空气污染的一大因素。现代家庭的厨房虽然都用上了油烟机，但做饭炒菜时仍然会熏得一屋子油烟。炒菜时所产生的油烟，大人吸入之后可能咳嗽两声就好了，可是对于呼吸系统相对脆弱的儿童来说，油烟就像毒品，严重地危害他们的健康。

3岁的小米是一个非常可爱的孩子，可最近他总是咳嗽。刚开始，妈妈以为小米是着凉了，注意保暖，吃点感冒药就可以了，谁知几天过去了，小米的咳嗽并没有减轻，反而更严重了。

后来妈妈带他去找了一名老中医，老中医了解了小米的情况后，问妈妈："每次你做饭炒菜时，他都在你身边吗？"

妈妈说："是啊，家里平时就我们两个人，我不放心他自己在客厅里玩，做饭时就把他带进厨房里，以便照顾。"

老中医说："这就是问题所在了。以后你做饭时，最好不要带他进入厨房。孩子的呼吸系统很脆弱，大量吸入油烟会破坏他的呼吸系统，所以他才不停地咳嗽。"

听老中医这么一说，妈妈恍然大悟，怪不得小米的咳嗽不但没有好转，反而更加严重了。

油烟有百害而无一利，可偏偏无孔不入。一些主妇长时间待在厨房中，难免会出现头痛、胸闷、眼痒、鼻塞、耳鸣等症状，如果待在厨房的时间较为集中、时间较长，严重的还会导致失眠、记忆力减退、支气管炎、肺炎等。孩子的抵抗力差，本身就很容易生病，如果再让他待在一个充满油烟的环境中，不用说身体健康，连正常的身体发育都会受到影响。

研究表明，常用食用油加热到270℃左右所产生的油雾凝结物可导致人体细胞染色体的损伤。80%以上的家庭都是女性在厨房里为一家人准备佳肴，女性肺癌发病率增高，可能也与此有关。有一项对肺癌发病情况的调查发现，长期从事烹调的家庭主妇肺癌的发病率较高。

不管是怀孕的准妈妈，还是年幼的儿童，都是需要特殊照顾的人群。家人无微不至地关怀照顾他们，但有些细节很容易被忽视，这会影响两代人的健康。

如今，大多数家庭都居住在小区套房中，厨房与客厅及卧室基本都是相通的。如果做饭时不把厨房门关闭，厨房内小环境污染严重，高温油烟在室内久久不能散去，就很容易逸散到卧室中，使得人在睡觉时也吸入了这些油烟烟雾，严重损害呼吸系统的健康。

油烟具有高附着性。就像我们的衣服，一旦被油烟吸附，就很难清洗干净。油烟进入人体后也一样，油烟进入肺中，会增加肺的负担，影响肺的正常工作。如果肺不能及时清除掉这类物质，它们将黏附于肺、气管中，造成呼吸不畅。特别是孕妇，耗氧量会急剧增加，其中50%左右为胎儿所消耗。胎儿在母体内的呼吸完全靠母体吸入氧，排出二氧化碳，所以孕妇常常感到气短、呼吸困难。可见油烟不仅会让准妈妈的妊娠反应加重，还会影响肚子里的宝宝。

虽然厨房内的"毒油烟"对人体的危害较大，但如果采取相应的措施，也能减轻其危害。

（1）选择清洁能源，减少有害气体的产生。如今大多数家庭都采用天然气、液化气或电等能源，这可以有效地减少燃烧柴火、煤炭等而产生的有毒气体。

（2）改善厨房的通风条件。厨房的通风非常重要，家庭中可以适当地加大窗户，安装抽油烟机和换气扇，等等，使得厨房内的浊气及时地排出。

（3）注意厨房的卫生清洁。有些家庭的灶台脏兮兮的，经常裹着一层油烟。其实，保持炉灶的清洁，不仅有利于燃料的充分燃烧，减少有害气体的生成，还能延长厨具的使用寿命，因为油烟具有腐蚀性。

（4）有条件的家庭可在厨房内放一些绿色植物，既可观赏，又能有效地吸收室内的有毒气体，如吊兰、绿萝等，效果都比较好。

爸爸吸烟等于孩子吸烟

　　当你点燃一支香烟时，也许你只想到它能给自己带来暂时的轻松感，但是你是否想过一支香烟燃烧之后会产生3000多种化合物，其中大多数化合物都会危害身体健康呢？如焦油、尼古丁、一氧化碳、吡啶等，这些物质不仅会对吸烟者产生影响，对身边的人，尤其是胎儿及儿童的影响更是不可忽视。

　　二手烟对儿童健康的影响不容小觑，父母应当重视。在家中，爸爸吸烟，等于全家人吸烟，而最终的受害者是孩子。爸爸最好不要在室内和车里吸烟，在这种密闭的环境中，香烟燃烧后释放出来的烟雾至少需要6个小时才能消散，此时，儿童进入这个环境中，就会吸入二手烟，引发呼吸方面的疾病。可在现实生活中，很多年轻的爸爸并没有意识到吸烟对孩子身体造成的损伤，有些爸爸甚至还会拿香烟给孩子玩。为了孩子的健康成长，真心劝诫各位吸烟的爸爸，戒烟不仅是为了自己，更是为了下一代。与此同时，为了尽量避免让孩子吸入二手烟，父母应少带孩子去人多的场所，或尽量带孩子去禁止吸烟的场所，遇到有人吸烟时，可以避开或者提醒其将香烟熄灭。

　　5岁的大伟是一个非常懂事的孩子，在幼儿园里深受老师和同学的喜欢，可是最近，他经常说自己头晕，提不起劲来。刚开始，老师以为这是因为他感冒了或者睡眠时间较短，就让他多休息，并且让大伟的父母留心孩子的睡眠时间，注意给孩子保暖。然而，几天过去了，大伟的头痛症状并没有减轻，反而更加严重了。

　　一天下午上课时，大伟一直抱着头哭着喊"头好痛"，老师觉得不对劲，就把他送到医院检查，也通知了他的父母。老师将大伟的情况告诉医生，医生帮他测量血压，结果显示血压高达170，这让老师吓了一大跳。

一般来说，成年人的血压在90～140mmHg之间，而儿童的血压相对较低，一般在85～105mmHg之间。没想到大伟的血压竟然那么高，怪不得会头痛。医生给大伟开了儿童降压药物。当大伟的爸爸赶到医院，向医生咨询大伟的情况时，医生闻到爸爸身上的烟味，便问他是不是经常在家里抽烟，且每次都抽很多。

原来大伟的爸爸平时爱抽烟，近段时间，由于工作不顺利，感到很烦恼，便借烟消愁，一天要抽好几包，把家里弄得全是烟味。医生告诉他，大伟的血压这么高很有可能与他长期吸入二手烟有关，为了孩子的健康，应尽可能戒烟，或不在孩子面前抽烟。

当身边的人抽烟时，儿童就被动地吸入香烟释放出来的化学物质，使得其血脂异常，血液变得黏稠，破坏心肌组织，从而影响血管对血压和血流的调节能力，导致了儿童的高血压。

二手烟到底有多可怕？有专家指出，每天和吸烟者在一起15分钟以上，吸二手烟者受到的危害等同于吸烟者。那么，吸烟对身边的孩子危害到底有多大呢？

1. 诱发儿童厌食症

儿童被动吸入二手烟之后，很难将吸入体内的有害物质排出。如果爸爸在儿童进餐前吸烟，就很容易影响儿童的食欲，甚至令其出现厌食症。

2. 引发儿童哮喘

儿童的呼吸系统较脆弱，长时间被动吸入二手烟，呼吸系统容易受到损害，引发呼吸系统疾病，如支气管炎、肺炎、支气管哮喘等。如果房间内的环境不够干净，存在着螨虫，再加上二手烟的影响，学龄前儿童在这样的环境下很容易患哮喘病。

3. 大大增加儿童患恶性肿瘤的概率

儿童的排毒功能尚未完善，排毒能力远低于成人，所以很容易受到二手烟的危害。如果一个成年人和一个儿童吸入相同量的二手烟，儿童尿样中烟草所含的致癌物水平将是成人的1.6~8倍，这些致癌物质很容易诱发儿童白血病、淋巴瘤和脑部恶性肿瘤。

4. 影响儿童听力发育

英国做过一项研究，结果表明：儿童长期生活在充满二手烟的家庭中，更容易患上急性中耳炎、中耳积液等疾病，严重的甚至影响听力。

5. 影响儿童身高

科学家对9273名儿童进行了36年的观察，发现6～11岁儿童被动吸烟对其生理发育确有影响。父母每天吸10支以上香烟的家庭中的儿童，比不吸烟的家庭中的儿童平均矮0.65厘米。

6. 引发儿童心血管疾病

长期吸入二手烟的儿童，其血液中的高密度脂蛋白浓度将下降，而高密度脂蛋白是血液中有益的脂蛋白，如果其浓度降低，会影响儿童心血管的正常功能。

7. 影响儿童智力发育

长期被动地吸入二手烟会影响孩子的智力发育。据最新科学研究表明，孩子长期被动吸烟，智商值会下降两个点。可替宁是一种在尼古丁分解时所产生的物质，随着二手烟被儿童吸入，儿童血液中的可替宁含量增加，导致他们的阅读、逻辑和推理能力下降。

8. 导致儿童肥胖

有健康心理学研究团队对肥胖儿童进行研究，探究二手烟对儿童腰围和认知的影响。研究结果显示，在二手烟环境中成长的儿童，其体内脂肪百分比显著高于相似体重非二手烟环境中成长的同龄人，而过多的脂肪会导致儿童患上心血管疾病、糖尿病等的概率增加。

第6章

谨防生物性污染
偷走儿童的健康

生物性污染就像"隐形杀手",长期潜伏在生活中,难以跟踪观察,无法预测,但它们时时刻刻威胁着儿童的身体健康。所以父母要注意保持室内卫生和儿童用品安全,谨防生活中隐藏着的微生物源,从源头杜绝或减少生物性污染对儿童健康的威胁。

宠物和孩子能和平相处吗

人们的生活水平不断提高，养宠物的现象愈来愈普遍。孩子有了宠物的陪伴，童年将更加温暖、更有安全感。总的来说，家里养宠物会给孩子带来一定的好处，特别是在早期教育方面。

1. 养宠物有利于儿童性格的发展

对于孩子来说，宠物是一个不会说话的玩伴，尤其是独生子女，有了宠物的陪伴，他们的童年将不再孤单，因此有些父母会专门饲养宠物来陪伴孩子，觉得这样做有利于孩子的成长。有些孩子性格害羞、腼腆，有了宠物的陪伴，就会逐渐变得大胆、开朗起来。

2. 养宠物可以培养孩子的责任感和爱心

在饲养和照顾宠物的过程中，可以培养孩子的责任感和爱心。如今的大多数家庭中，孩子是家庭的中心，被无微不至地照顾。在学习照料宠物的时候，孩子可以学会如何去关心别人。

宠物虽然可以给孩子带来很多快乐，但是，也往往会成为很多疾病的来源。宠物身上容易滋生跳蚤，另外细微的毛发很容易飘散到空中，如果孩子不小心吸入，常会引起咳嗽或过敏。此外，猫的唾液和狗的粪便中都含有足以使人致病的滤过性病毒，小鸟身上则有一种住血原虫，孕妇和儿童最容易被感染。因此，养宠物的家庭，最好定期带宠物到宠物医院打预防针，勤洗澡，并妥善处理其排泄物，这样才能在安全的基础上，享受养宠物的乐趣。

5岁的王洋有一只小狗，非常可爱，小狗陪着王洋一起长大，给他带来了不少乐趣，王洋整天抱着小狗玩，就是睡觉也要把小狗带到床上。

一天，小狗生病了，拉稀且什么都不肯吃，就连它最喜欢吃的排骨，它也是理都不理。王洋感到很难过，很心疼小狗，整天抱着它不松手。爸爸妈妈只好赶紧抽空带小狗去宠物医院，进行治疗。经过几次治疗，小狗的病好了，可是王洋开始不舒服，先是发烧、头痛，后又关节痛、肌肉痛。爸爸赶紧带他去医院看医生，经过检查发现，王洋患的是空肠弯曲菌肠炎，是小狗传染给他的。

孩子如果与宠物太过亲近，宠物生病后，就会把细菌传染给孩子，使孩子生病。为了让孩子能与宠物快乐相处，请遵循以下几个原则。

原则一：保持宠物清洁

要经常给小动物进行毛发清理，指甲要修整齐，定时给宠物打预防针，并每天打扫宠物的小窝，这样可以有效地避免宠物身上的细菌或寄生虫影响孩子的身体健康。

原则二：让孩子和宠物保持适当的距离

保持距离很重要，即使孩子和宠物再要好，也不能让宠物寸步不离地跟在孩子身边。如果宠物生病了，请把宠物和孩子隔离，避免宠物把病毒传染给孩子。另外，对于年龄小的宝宝，更要让他和宠物保持距离，婴幼儿看到宠物围绕在身边，就会去抓它的尾巴和耳朵，这样容易激怒宠物，导致严重后果。

原则三：让孩子避免在宠物面前吃东西

宠物和人的关系再好，它毕竟是动物，会做出冲动行为。宠物的嗅觉比较好，且又是"吃货"，当它看到孩子在吃东西时，受食物的诱惑，有可能会对孩子进行袭击。

原则四：及时清理宠物排泄物

宠物的排泄物容易滋生细菌，所以要及时进行清理。很多动物并不会那么听话地在特定的"厕所"进行大小便，更多的是随地大小便，所以父母要及时清理留在地面上的排泄物，避免孩子在玩耍时踩上，这样不仅不卫生，还容易让孩子摔跤。

原则五：勿让宠物在孩子面前表演危险性动作

有些父母可以与宠物达成默契，让其听指令做出一些动作，如跳跃、蹦到身上等。但是这类动作不宜在孩子面前做，否则在孩子与宠物单独相处时，宠物的猛撞就会伤害到孩子。

与人相比，宠物的寿命比较短。如果陪伴孩子一起长大的小动物死了，会对孩子的心理造成很大的冲击。此时，父母要用恰当的方式来帮助孩子缓解情绪，让他在失去中认识，在失去中学会成长。

想让孩子与宠物快乐相处，离不开父母的引导。引导得好，孩子能在养宠物的过程中明白很多道理，宠物也能成为一个良友，促进孩子的健康成长。

小蚊子，大危害——孩子被蚊咬竟可致命

天气稍微变热，蚊子就立即登场。不知它们从哪里飞来的，又怎么防都防不住，让父母感到烦心，又给孩子带来伤害。

父母们纷纷抱怨："我家在11楼，那么高了，不知蚊子是怎么飞进来的。只要天气一热，它们的反应比我们还快，立马就'嗡嗡嗡'地飞来了。一不小心，就在孩子的脸上咬了一个红包。""现在蚊子好像变聪明了，夜里一躺下就听到它在耳边飞的声音，一开灯就不见了踪影，真是让人烦躁。孩子被它吵得睡不踏实。"

夏天，是蚊子滋生的旺季。由于天气较热，孩子穿的衣服会比较单薄，很容易被蚊子找到机会叮咬。孩子被叮咬之后，

会忍不住用手去抓挠，从而导致细菌感染，患上各种疾病。具体来讲，会对孩子产生以下危害。

（1）传播疾病。蚊子传播疾病的数量多达80种以上，特别是疟疾、流行性乙型脑炎、丝虫病等疾病，对健康的影响非常大。

（2）影响孩子睡眠质量。睡眠质量对孩子的健康成长非常重要。在睡觉时，如果孩子遭到蚊子叮咬，就会感到又疼又痒，很容易从睡梦中醒来，降低睡眠质量。

面对烦人的蚊子，父母该如何做好防蚊措施呢？

1. 严密的蚊帐可以给孩子提供安全宁静的睡眠港湾

蚊帐是对付蚊子的法宝，既能安全有效地防蚊叮咬，又能缩小孩子的睡眠空间，给孩子带来安全舒适感。

在旧款的蚊帐中，很多小孩子睡觉并不踏实，经常会踢开蚊帐，让蚊子有机可乘。不过没事，如今的蒙古包型蚊帐基本可以解决这个问题。不过，父母一定要注意把蚊帐封严密。即使只有一道缝隙，蚊子也能找到，所以不要给蚊子这个机会。

2．散发芳香的物品使蚊子不敢露面

能散发出芳香来对付蚊子的物品有植物香和蚊香。在植物香中，薰衣草、尤加利、香茅、桉树、柑皮、薄荷、茴香、丁香、天竺葵、罗勒、百里香等植物散发出来的气味是蚊子非常讨厌的，父母可以利用蚊子的这些"天敌"，让它不敢越雷池一步。可以把橘子皮和柳橙皮晾干后包在废丝袜中放在墙角，其散发出来的气味既能防蚊还能净化室内的空气。另外，可以把几滴天竺葵精油和杏仁油混合，抹在孩子的手脚部，防止蚊子叮咬。当然，不能过量，以免刺激孩子娇嫩的肌肤。

蚊香也是驱蚊比较常用的，可分为一般蚊香和电蚊香。一般蚊香的成分是杀虫剂，通常是除虫菊脂类，其毒性较小，因此驱蚊效果也相对不太理想。而有些蚊香中含有有机氯农药、有机磷农药、氨基甲酸酯类农药等，这类蚊香虽然加强了驱蚊作用，但毒性相对较大，也会损害到孩子的身体健康，因此父母要谨慎选用。

另外，蚊香的烟雾会令孩子感到不舒服，因为孩子的呼吸系统尚未发育完善，同时其皮肤的吸收能力较强，会受到这些烟雾的影响。因此，在有孩子的房间，最好不要使用蚊香。而新型的电蚊香毒性较小，无烟雾，比较安全，其工作原理是利用热蒸气发出除虫菊精，对微生物有较强的杀伤力，相比一般蚊香，更适合有孩子的家庭使用。

3. 良好的生活习惯可以从关键处斩断蚊子的生存环境

蚊子对人体汗液比较敏感，当孩子的身体出汗时，汗水中含有的乳酸对其有极强的吸引力。因此，孩子外出活动或奔跑后，父母要及时给其擦擦汗，平时还要给孩子勤洗澡、勤换衣，保持皮肤清洁。

不管哪一种类型的蚊子都离不开水，父母在生活中要注意不能随便乱洒废水，也不能积存废水，当天的垃圾最好当天倾倒，不给蚊子留任何生存空间。

蚊子这种小昆虫，确实是防不胜防，如果孩子被蚊子叮咬了，首先要给孩子进行止痒、消肿，日常生活中可以通过以下几种办法来快速处理蚊子叮的包。

（1）用花露水或风油精每隔一段时间给孩子涂一次，直到包块不再发肿。

（2）涂用无极膏进行消炎、止痒和镇痛。无极膏治疗蚊虫叮咬的效果不错，副作用也较小，但它毕竟是药，不能长期使用。

（3）用盐水涂抹或浸泡痒处，不仅可以软化肿块，也可以有效地止痒。

（4）如果家里种有芦荟，可以切一小片芦荟叶，洗净涂擦到红肿处，可以起到消肿止痒的作用。

（5）如果男宝宝的私处被蚊虫叮咬了，父母不能随便给他用药，如果有红肿，可以用冷毛巾敷一下，再涂抹一点花露水。如果没有好转，就要去看医生。否则，病情加重会引起孩子排尿困难。

（6）巧妙利用牙膏和香皂水，它们也是消除包块的好东西。

此外，孩子外出时，父母可以给他做一些防蚊措施，例如：给孩子穿长裤和鞋袜，不要穿过于宽松的衣服；不要带孩子到潮湿或垃圾多的地方玩耍，最好带上一些杀虫喷雾。

螨虫——潜伏在孩子身边最大的危险

人体在新陈代谢的过程中，会产生超过500种化学物质，其中从呼吸道排出的有149种，从皮肤排出的有71种，如果这些代谢产物浓度过高，就会导致室内生物污染，从而影响人体健康，甚至诱发疾病。

尘螨以人体或动物脱落的皮屑为食，在床铺上和卧室的地毯中繁殖较快，一个人每天产生0.7克左右的皮屑，尘螨在人体这类型的代谢中得以繁殖和生存。

据报道，一个使用15年的枕头中，占其重量1/3的是螨类的排泄物，在这种枕头上，每克灰尘中有尘螨1000多只。另外，200毫克床垫灰尘中，有925只尘螨，200毫克住宅地板灰尘中，有179只尘螨。

尘螨是人体支气管哮喘病的一种变应原。春、秋两季是尘螨生长、繁殖的旺盛期，也是支气管哮喘高发期。因此，为了孩子的健康，请不要经常使用空调，而要经常给孩子的房间通风换气，保持室内空气新鲜；家里养宠物的，应尽量避免宠物到孩子的房间里，要保持室内清洁、干燥；另外，要勤给孩子换洗衣服，床底下也要经常打扫，以防生物污染对孩子健康的危害。

据世界卫生组织报道：80%以上的婴幼儿过敏性疾病是由螨虫引发的，70%以上的婴幼儿传染性疾病与螨虫有关。由于儿童的免疫力较低，所以很容易受到螨虫伤害而患各种疾病，如过敏性鼻炎、哮喘、皮疹和皮肤瘙痒、螨性皮炎、肺螨症、肠螨症等。

另外，螨虫携带的大量致病菌交叉感染，从而引发流行性感冒、流行性肺炎、出血热等。儿童对螨虫及其分泌物比较敏感，很容易被感染。那么父母该如何做，才能减少螨虫给儿童带来的伤害呢？

1. 注意保持被褥的卫生

人体在睡眠时，由于新陈代谢的作用，皮肤中的众多汗腺、皮脂腺和神经血管会进行代谢。如果长时间不晒被子，被子在人体的新陈代谢下就会变得潮凉，不仅盖着不舒服，影响睡眠质量，还会滋生螨虫。

儿童起床之后，父母不要忙着把被子叠起来，因为过了一个晚上，被子上吸附了许多水分和气体，如果不让其散发就立即叠好，容易滋生螨虫，因此，孩子起床之后，请父母先把其被子翻个面，并将窗户打开通风换气，让被子上的水汽自然蒸发，再去叠被子。如果褥子受潮，还应将被子晾一段时间。

此外，要经常晒晒被褥，最好一周一次。在阳光的照射下，被褥里的水汽才得以蒸散，被子才能恢复松、软、暖的状态。在紫外线的作用下，被褥中的螨虫会被杀死，对孩子的皮肤卫生和身体健康益处极大。

但是，在晒被子时，需要注意以下两点：

（1）晒的时间不宜过长也不宜过短，一般来说，棉被在阳光下稍微晒一下，棉纤维就会膨胀。因此，最好晾晒一个小时左右就把棉被翻个面。

（2）切忌拍打棉被。有些人在晒被子时喜欢拍打一下被子，认为这样可以把被子拍得更膨松，也能晒得更彻底。其实，这样做并不合理，棉花的纤维粗而短，易碎，拍打容易使棉尘跑出来。

2. 注意凉席里的螨虫对孩子的伤害

天气热的时候，很多父母喜欢给孩子使用凉席。但是，在使用新凉席或隔年的凉席前，请务必做好消毒处理。凉席在生产制作、贮存、运输及出售的过程中，很容易产生螨虫。而隔年的凉席在储存过程中也容易产生螨虫。因此，新买的和隔年的凉席不宜立即铺开使用，而应先卷起来用棍子等物敲打几下。

螨虫最怕高温和阳光，所以凉席在使用前可以先用开水浸泡，或用清水擦几遍，然后放在阳光下曝晒2～3个小时，这样就可以将螨虫杀死了。

劣质纸巾对孩子的危害

　　纸巾是我们天天都要亲密接触的日用品，但很少有人去关注纸巾的卫生问题。不管是饭前还是饭后，人们都喜欢用纸巾擦擦手或擦擦嘴。特别是有儿童的家庭，纸巾的消耗量更是惊人。但看上去白白净净的纸巾，真的干净吗？

　　优质的纸巾是原木浆纸，是以木材为原料制作而成的纸张，纸质细腻、柔软、表面光洁、韧性好。但是，目前市面上不乏劣质纸巾。某些纸巾制造商为了一己私利，减少纸巾的制作成本，原材料竟然使用回收来的废纸，如废报纸、旧书本等，根本不是原木浆，制作中还添加了大量工业滑石粉，经过漂白加工得到最终的产品。这种劣质纸巾里面含有铅、镉等重金属，如果给儿童使用，很容易损害儿童的神经系统和血液系统，甚至影响其智力发育。

劣质纸巾对孩子的危害非常大，主要表现在以下几个方面。

1. 引起儿童白血病

长期使用劣质纸巾会使儿童的血液、淋巴液和细胞原生质发生改变，这是儿童患白血病的原因之一。有研究表明，大量使用含有有害化学物质的白色劣质纸巾，每年会造成超过400名儿童患上白血病。

2. 导致儿童智力残缺

相关调查统计显示，我国每年出生的儿童中，有35万人为缺陷儿童，其中25万人为智力缺陷。有专家认为，劣质纸巾中含有的漂白剂、荧光剂等有害物质是儿童智力缺陷的罪魁祸首。

3. 影响儿童的视觉系统

如果父母长期给孩子使用劣质纸巾，很可能会造成儿童视力下降，患上白内障等。

经过漂白剂漂白的纸巾危害很大，对人体的危害也是无法预测的，但是市面上某些号称"无漂白、零添加、纯天然"的纸巾，是否真的如广告上说的那样呢？面对市面上各色各样的纸巾，我们该如何分辨，选出安全的纸巾呢？主要有以下几种方法：

1. 闻一闻

劣质纸巾在制作过程中会加入某些化学物质进行漂白和加工，因此有着非常明显的刺鼻异味；而质量较好的纸巾无添加剂，只有淡淡的木浆香。

2. 摸一摸

质量好的纸巾比较柔软、细腻，有较强的质感，摸起来比较舒服；而劣质的纸巾相对粗糙一些，摸起来也很硬，有粗糙的摩擦感。

3. 揉一揉

可以把纸巾攥在手中，轻轻地揉一揉，要是纸张上有空洞，且很快就有粉末状物质掉落下来，就是劣质纸巾。优质的纸巾有较强的柔韧性，不容易揉出渣来。

4．看一看

在选择纸巾前，一定要仔细地看纸巾的包装，观察有没有标注清晰的卫生标准号、产地、生产日期、厂家名称、电话等字样，要是标注模糊，看不清字迹，就是劣质产品，不能购买。如果包装上有较明显的黑色污迹，也不能购买。

5．比一比

购物讲究"货比三家"，买纸巾也一样。在购买时，可以多拿几包不同品牌的纸巾进行对比。颜色过于白亮或过于暗淡的都不要购买，过于白亮的纸巾中很可能添加了大量的漂白剂，而过于暗淡的纸巾中可能含有大量的有毒物质。

6．价格辨别

"一分钱一分货"，这是最朴素的道理。质量较高的纸巾成本较高，因此售价也会较高。劣质纸巾的成本较低，使用的原材料以废弃物品为主，因此售价也会较低。因此，在购买纸巾时，父母不能为了贪小便宜而购买过于便宜的纸巾，以免影响孩子的健康。

7. 做浸水试验

原木浆制作的纸巾即使泡在水中一段时间，也能保持原来的模样。而劣质的纸巾放进水中后，就会散开或变成渣。

8. 燃烧法辨别

点燃一张纸巾，观看其燃烧过程。质量佳的纸巾燃烧殆尽后剩余的灰烬较少，且为灰白色。而劣质的纸巾燃烧后剩余的灰烬较多，且多为暗黑色。

在日常生活中，很多人为了方便，使用湿纸巾代替日常洗手，更有很多妈妈在给宝宝换尿不湿时，只用湿纸巾给宝宝擦一下屁屁。殊不知，湿纸巾中的主要成分是水和杀菌药，为了能让杀菌药长时间溶解于水中，湿巾中会加入一些化学试剂，不利于孩子的健康。

虽然只是一张小小的纸巾，但是可能会让人在不知不觉中患上各种疾病，因此，父母需谨慎选择，尽量选择优质纸巾。另外，还要给孩子准备一些纯棉的手帕，这既是一种环保的举动，又可以避免劣质纸巾给孩子带来的伤害。

家有萌娃，该养什么花草

在家里养一些花草可以起到净化空气、清除污染的作用，但家里有了萌娃，并不是所有的植物都适合养，因为不少品种的花草会影响儿童的健康。一些花草浓烈的香味会使儿童的食欲减退，甚至引起头痛、恶心、呕吐等症状，有些植物会引起儿童皮肤过敏。因此，在家里养花草时，务必了解清楚该花草的属性，以及是否会对孩子的健康有害，以免适得其反。

一天，7岁的吴敏看到爸爸养在阳台上的花花草草长得很漂亮，出于好奇，就随手扯下一片叶子放到嘴里。不一会儿，他的嘴就肿了起来，幸好妈妈及时送他去医院治疗，才脱离了危险。

　　原来，吴敏随手扯下的那片叶子是滴水观音的枝叶，其茎内的白色汁液和滴下的水都有毒，误食后会有恶心、咽喉部不适、胃部灼痛等症状，严重的还会引起窒息，导致心脏停搏死亡。皮肤接触到这种汁液就会出现瘙痒或强烈的刺激感，眼睛接触到这种汁液可引起严重的结膜炎，甚至导致失明。因此，有孩子的家庭不适宜种滴水观音。儿童分辨事物的能力差，且抵抗力低，好奇心又强，一旦不小心接触到滴水观音，后果不堪设想。除了滴水观音外，还有花烛、含羞草、一品红和状元红等花草都带毒，不宜种植在有孩子的家庭中。

　　如果家中种有有毒植物，父母要尽量让孩子远离，更不能让孩子接触甚至舔、咬这些植物。如果孩子因误碰有毒植物出现不良反应，父母要尽快将其送往医院。如是误食，在送往医院的途中可用手指抠孩子的喉咙来催吐，减轻毒物对其健康的危害。

　　在有儿童的家庭中，种植物有很多讲究，有些植物是不宜种植的。如小叶橡胶树，其叶子和树茎内均含有有毒的牛奶状树液，碰到后就会导致皮肤疼痛、肿胀；夹竹桃每个部位都有毒，也是儿童不能碰的。

一些花卉碰触之后，可能会引起皮肤过敏，出现红疹等，玉丁香、五色梅、洋绣球、天竺葵等。此外，仙人掌、月季等植物身上长刺，容易刺伤儿童稚嫩的皮肤，也不宜种植。

除了本身带有毒素的植物外，一些具有浓烈香味的花草也会引起儿童的身体不适，如夜来香、郁金香、五色梅等。夜来香的花粉容易引起皮肤过敏；兰花、百合花所散发出的香气容易令人兴奋，导致失眠；紫荆花的花粉接触久了，容易诱发儿童哮喘或使咳嗽症状加重；松柏类花木的芳香气味会刺激孩子的肠胃，影响食欲。因此，这些植物都不适宜在室内种植。

那么，哪种类型的花草才适合有儿童的家庭种植呢？

1. 客厅可养常春藤，有利于净化空气

在客厅放常春藤、无花果、猪笼草、芦荟等植物，不仅可以对付从室外带回来的细菌、小虫子等，还可以吸附室内的灰尘。且常春藤具有吸收烟雾的作用，可以抑制二手烟

中的尼古丁等致癌物质的扩散，净化客厅空气，给孩子营造一个舒适的玩乐环境。

2. 厨房内放吊兰有助于吸油烟

厨房是油烟集中之地，放上一盆吊兰、绿萝、铁线蕨等有利于净化空气，还可起到驱赶蚊虫的作用。有研究表明，吊兰可吸收室内多种有害气体，比如在新建房子中放置吊兰有助于消除甲醛，还能减少空气中的细菌和微生物。

3. 在洗手间放置虎皮兰可吸湿

可在马桶、洗手池边摆放一些体积较小、耐阴、杀菌的植物，虎皮兰的叶子可以吸收空气中的水蒸气，是卫生间植物的理想选择。

4. 阳台种爬山虎可减少阳光辐射

阳台的光线一般比较充足，可种植喜阳性的观赏植物，如山茶、茉莉、金橘等。此外，攀爬类的植物，如爬山虎、葡萄、牵牛花、紫藤、蔷薇等，可起到遮阳作用。在阳台的花盆里种上一株，便会形成一个绿色的"凉棚"，可减少阳光辐射，降低室内温度。

5. 书桌前放一株薄荷，可起到提神作用

薄荷和茉莉花等有着提神醒脑的效果，适合摆放在孩子的书桌上，可以帮助他提高学习效率。

但值得注意的是，儿童比较好动，且好奇心较强，玩耍时经常会到处奔跑，容易出现被花盆绊到、砸到等意外。所以不管家里种植什么样的花草，为了孩子的安全，请父母注意花盆的摆放位置，不要选择稳定性较差的花盆架，而要尽量把盆栽放到孩子够不到的平稳的地方，以免造成伤害。此外，家里不宜种过于高大的植物，以避免孩子攀爬。

第二篇　心理健康

第7章

小心情绪伤害他人，提供安全稳定的环境

很多人都害怕和阴晴不定的人打交道，孩子遇到过于情绪化的父母，其心理健康也会受到影响。培养一个情绪稳定的孩子，需要情绪稳定的父母。为了孩子的健康成长，请调节自己的情绪吧，爸爸妈妈们!

"不想吼孩子，脾气上来忍不住"，父母应该怎么办

如今大部分父母都是上班族，既要兼顾工作，又要照顾家庭，经常忙得焦头烂额。在长时间的超负荷状态下，父母很容易产生烦躁情绪，劳累了一天还要面对"熊孩子"：半个小时的作业到了深夜还没有完成，刚收拾整齐的房间又变得乱七八糟，同样的错误犯了一次又一次……父母更是控制不住自己的情绪，虽然提醒自己要冷静、要温柔，可是还没等调整过来，孩子又火上浇油地挑战自己的底线。

心理学者马修·麦肯博士对父母的情绪对孩子的影响进行了研究，研究结果表明，父母的愤怒会毁坏孩子的适应能力。在一个父母爱发脾气的家庭，孩子看着父母愤怒的表情和肢

体语言，可能还伴有几句辱骂，这无疑是对其精神的一种虐待。父母的喜怒哀乐对孩子有着强烈的感染作用，长久生活在父母极度情绪化的家庭中，孩子的性格发展也会偏向极端，敏感多疑且脾气暴躁。

郑女士是职场妈妈，开放二胎之后马上生了二胎。回到岗位上，又要忙于工作，又要照顾两个孩子，她真有点心有余而力不足。

一次，1岁的小儿子感冒发烧，郑女士在手忙脚乱地照顾他，可是，8岁的大儿子不听话，在一边捣乱。郑女士叫大儿子不要在旁边捣乱，但他的身体里好像装了"马达"，根本停不下来。心烦意乱的郑女士生气地说："你再捣乱，妈妈就不理你了，以后重点培养弟弟上大学，不让你上了。"听到妈妈这么一说，大儿子瞬间就哭了起来，一边跑出去一边说："我再也不理您了。"

看到儿子伤心的样子，郑女士后悔不已。第二天，看到大儿子还是对她爱理不理的样子，郑女士决定主动向他道歉，于是对他说："儿子，妈妈还是最爱你的。"

大儿子不相信地问："您不是最爱弟弟吗？"

郑女士说："我爱你更多一点，你看我们都在一起8年了，我们之间的感情已经很深了。只是弟弟还很小，所以我们要照顾他。"

大儿子听了，才露出开心的笑容，说："妈妈，以后我也帮您照顾弟弟。"

父母偶尔发脾气，是教育孩子的一种有效手段，比如孩子未经他人同意就偷拿他人东西，就要严厉制止。但是，如果父母经常发脾气，孩子就会把父母的脾气不当一回事。而父母常发脾气也会给孩子传递一种不满的情绪，对其身心健康造成严重的影响，具体包括以下三个方面：

1. 影响孩子的个性发展

如果父母经常对孩子发脾气，部分孩子就会因为害怕而顺从，性格也会变得内向懦弱，长期缺乏安全感会导致他怕生，不愿意与他人交往，很难融入社会生活。另外，部分性格比较要强的孩子会对父母产生憎恶的情绪，滋生强烈的逆反心理，且会随着年龄的增长而变本加厉地对抗父母，导致家庭不和。

2. 影响孩子的心理健康

父母在大发脾气时，常伴随着对孩子否定性的责骂，如"你怎么这么笨呀""我没有你这么傻的孩子"等，这些语言会对孩子的心理产生强烈的消极影响。如果孩子年龄比较小，就会因这些语言而变得自卑，并产生多种心理问题。如果孩子年龄稍微大一点，就会产生早恋、自残等行为问题。

3. 影响孩子的未来成长

父母是孩子的主要模仿对象，如果父母经常发脾气，孩子也会模仿他们变得脾气暴躁、为人苛刻、多疑敏感，内心脆弱又好斗，甚至会产生抑郁等心理问题。

其实，发脾气的坏处大多数父母都明白，他们会说"心里是不想吼孩子的，但脾气来了控制不住"，过后往往很后悔，但好像已经无济于事。那么，为了孩子的健康成长，父母该如何改善坏脾气呢？

1. 闭上嘴，迈开腿，暴怒时先让自己安静一下

当孩子惹怒了我们时，只要他的行为没有什么危险，不如先不管孩子在做什么，而是迅速地离开，正所谓"眼不见，心不烦"，所以可以去一个能够让自己安静下来的地方。可以去卧室听听音乐，或者去书房看看书，给自己时间调整过来，再回头去分析刚才那一场盛怒的前因后果。

2. 重温过去的美好，用坦诚的交流来替代发脾气

当你感到焦虑或到了发脾气的临界点时，不妨多看看孩子可爱的照片和家庭合影，回忆曾经美好的亲子瞬间，有他搞怪的笑脸，有他温暖的笑，还有他给你的感动……这时你就会发现，所有的脾气都消失了，剩下的是对他的爱。

而后，父母可以和孩子进行一场坦诚的交流，让孩子明白自己发脾气的原因。如果父母一味地发脾气，孩子就会被这种表现吓到，无法明白脾气背后隐藏的爱。在交流的过程中，父

母可以作为引导者与听众，这对亲子关系更加有利。

3. 多看到孩子优秀的一面，少纠结他犯下的错误

很多时候父母对孩子发脾气，是源于孩子的行为没有达到父母的预期。孩子无法达到父母的预期，如考试第一、竞赛获奖等，父母就会感到失望，进而将负面情绪发泄到孩子的身上。如此长久下去，会给孩子造成巨大的压力。因此，父母应该适当调整对孩子的要求，让孩子做他自己，多给孩子一些肯定和笑容，多看到他成功的一面，少纠结他犯下的错误。在这个世界上，没有不犯错的孩子，只有不懂得原谅的父母。

如果真的忍无可忍对孩子发脾气了，过后不要忘了给他拥抱，向他道歉，最重要的是想方设法改正自己爱发脾气的坏习惯。无论如何，千万不要对孩子说"我不爱你了""我不要你了"等特别伤害亲子关系的话，即使是盛怒之下，也不要脱口而出，因为这如一把刀子，会在亲子关系中间划下一道伤痕，以后想要修补，就会非常困难。

世界上最幸福的家庭：爸爸爱妈妈，妈妈爱大家

父母是孩子的依靠，能带给孩子无穷的力量和踏实感。如果父母之间关系紧张，孩子就会变得不安、焦虑、慌张，缺乏勇气，没有信心。

没有人不爱自己的孩子，但很多人缺乏爱的智慧，把对孩子的爱理解错了。

11岁的娜娜近来注意力不集中，学习成绩下降，还会莫名地哭。老师问她原因，她哭着说爸爸妈妈天天吵架，她很害怕。看到娜娜消沉的样子，老师决定打电话给她父母了解情况。

一了解才发现，近来娜娜的父母因工作的事情分歧很大，

整天吵架，且一度分居，甚至提出要离婚。平时父母看到娜娜回来并没有特别大的反应，也没对他们说什么，因此他们以为女儿并不把这件事放在心上，如常照顾女儿的生活起居。可是，万万没想到，夫妻二人的关系竟然对女儿的心理造成了这么大的影响。

直到老师找到他们，他们才了解到女儿近来的状态。他们很担心娜娜，为了女儿，夫妻俩决定坐下来好好谈谈，改变彼此的交流模式，缓和夫妻关系。

此后，他们开始调整自己的情绪，即使意见有分歧，也不会马上争吵，而是冷静下来。妈妈会给爸爸做他喜欢吃的菜，爸爸也会在节日时送妈妈礼物。渐渐地，娜娜的笑容多了，睡眠好了，注意力更加集中了，学习成绩也提高了不少。

父母都爱孩子，但很多父母只注重孩子本身的成长，看到孩子生病、不开心，父母就会焦虑、坐立不安，无微不至地照顾孩子。其实，当父母生病、不开心时，孩子也会焦虑，只是很多时候孩子不善于表现出来。

有人说，世界上最幸福的家庭是"爸爸爱妈妈，妈妈爱大家"。这句话说得很贴切，出于母爱，很多妈妈有了孩子之后，就会忽略爸爸。此时，如果有一个爱着妈妈的爸爸，他会关心和照顾妻子，并告诉妻子，她的身边始终有一个爱着她的丈夫。如此，妻子才不会因生活的琐碎而只给丈夫无尽的埋怨，生活态度也会比较积极。父母之间的相亲相爱，是孩子永恒的能量源泉；父母之间的相互理解，是孩子最稳定的安全感；父母之间的欢声笑语，是孩子最大的快乐。

当然，父母之间的爱并不是挂在嘴上说说而已，而是体现在生活的柴米油盐中，是在疾病灾难来临时的相濡以沫，是在生活走向顺遂之际的不分不离。

在生活中，有很多父母口口声声说，是为了给孩子一个完整的家庭才忍受当前痛苦的婚姻，可是又不能调整自己的情绪，整天在家里争吵打闹，却不知这种没有爱的婚姻会让孩子更加崩溃。

父母千万别忘了：一个家庭除了父母，还有可爱的孩子。给了孩子一个形式完整的家庭，却让他体会不到父母之间的情感流动，也感觉不到爱在维系着家人的关系，这会扭曲孩子的婚姻观，让其把婚姻理解成委屈、抱怨、愤怒等负面情绪，不利于孩子的心理健康。

　　周末，8岁的嘉因和几个亲戚家的孩子在大人的带领下一起去郊外游玩。其他小朋友都跟爸爸妈妈坐在一起，可是嘉因偏偏要挤到姑姑的身边，不愿意去爸爸妈妈的车里。

　　姑姑问嘉因："你为什么不和爸爸妈妈坐在一起呀？"

　　嘉因皱着眉头说："爸爸妈妈总是稍有一点事就大声吵起来，我不想听他俩吵。姑姑，你说，如果妈妈能多爱爸爸一点，爸爸也多爱妈妈一点，他们就不会吵架了，对吗？"

　　其实，爸爸妈妈平时对嘉因都挺好的，总是尽可能地抽出时间来陪伴他，孩子不想跟他们亲近的原因是不想听他俩争吵。

　　很多父母都像上面例子中的一样，认为自己对孩子挺好的，孩子要什么都会满足他，也会抽出时间陪伴他，可不明白为什么孩子不跟自己亲近。

　　在孩子的世界里，他需要的不仅是爸爸妈妈对自己好，更想要的是爸爸妈妈相亲相爱。爱孩子，想要给他最好的，那么就让他在爱和幸福的熏陶中成长，让他体验到幸福的感觉。

不快乐的妈妈对孩子的杀伤力竟然如此大

张爱玲描写她的母亲："她才醒来总是不甚快乐的，和我玩了许久方才高兴起来。"一天之计在于晨，如果一个人一大早起床就很消沉，那么她这一天就很容易陷入忧愁和焦虑之中。张爱玲与母亲的关系折磨了她一生，一位睿智而特立独行的女性，竟始终都不能摆脱母亲给她的烙印。可见，在一个家庭中，妈妈对孩子的影响是如此之大。

如果妈妈不快乐，孩子也会变得小心翼翼，难以无忧无虑地生活，这甚至会影响他的一生。

如今，生活压力大，妈妈们面临的压力更大，既要忙着工作，又要料理家务和照顾孩子。太多烦琐的事情影响了妈妈的情绪，如果这时孩子还不听话，一些妈妈就会把情绪发泄到孩子身上。

妈妈的情绪对孩子的影响非常大，每个家庭都会遇到这样那样的挫折，重要的是妈妈要学会去解决这些问题，而不是把消极的情绪发泄到孩子身上。只有积极快乐的妈妈，才能教会孩子积极乐观地生活。

《阿甘正传》中，阿甘把妈妈的话挂在嘴边，是妈妈的至理名言给了他人生的启蒙。

一个单亲家庭，一个妈妈带着一个傻儿子，遭受了多少非议，可是，阿甘的妈妈从来没有放弃他，而是给他最好的爱，乐观地看待他的教育问题、工作问题，从未让自己经历的不快乐影响阿甘。可以说，没有如此乐观的妈妈就没有后来的阿甘，他的人生就不会如此精彩。

临床心理学家斯蒂芬·波尔特发现，一个人出生后，与最初抚养他的人建立起来的情感纽带，将会成为他一生情绪发展、沟通模式、人格发展的基础。可以说，妈妈的性格在潜移默化中塑造了孩子的人格和沟通模式。

　　哈佛大学的研究显示，乐观积极的女性，她们的孩子所得到的薪水会比同龄人的高出4%，也更有可能晋升到管理岗位。

　　在现实生活中，很多妈妈会习惯性地把自己跟丈夫、婆婆等的矛盾当苦水倒给孩子，本以为孩子听不懂，可是妈妈的不快乐是会传染的，长久下去，孩子就会受到负面情绪的困扰，很难感到幸福。

　　家庭对孩子的影响巨大，尤其是妈妈，孩子从妈妈那里学到如何与人相处，而妈妈与孩子的关系模式，也会影响孩子日后与亲密爱人的相处模式。不管你是职场女性还是全职太太，请你多给孩子传递独立、乐观、有目标的态度，因为这些会影响孩子的一生。

孩子哭泣不可怕，允许他表达情绪

儿童的成长过程中总免不了伤心哭泣，例如，妈妈不愿意买他心爱的玩具、和小伙伴发生争执、被老师批评了……当孩子哭了，有些父母感到很烦躁，立刻呵斥他："不准哭！"有些父母则允许孩子哭泣，适当地发泄自己的情绪。其实，允许孩子充分地表达委屈、悲伤等负面情绪，更有利于孩子的心理健康。

"一听到孩子哭，我的头都大了。"刚当上爸爸的李先生说，"我不明白为什么他那么喜欢哭，每次听到他哭，我就感到非常焦虑。"

　　"小孩子就爱哭，随他哭去。"从国外留学回来，受到西方儿童教育观念影响的林小姐如此说。因此，有时孩子哭得上气不接下气，她还是采取听之任之的态度，放任孩子发泄自己的情绪。

　　"儿子都上一年级了，怎么还喜欢偷偷地哭，是不是有心理问题呀？"曹先生很担心儿子，因为他经常躲在房间里偷偷地哭，还哭得很伤心。

　　很多父母一看到孩子哭泣就心烦，不理解孩子为什么不能好好地说话，只会以哭泣的方式来解决问题。其实，孩子爱哭与其年龄和性格特点都有关系。有调查结果显示，80%以上的父母都认为"哭是一种不好的情绪"，不希望自己的孩子总是哭泣，也不喜欢用哭泣来解决问题。

　　在孩子尚未学会说话时，他只能通过哭泣来表达自己的所有需求；孩子慢慢地长大，但在他妥善地管理情绪之前，他还是习惯性地以哭泣来表达负面情绪，这是很正常的。可是有些父母一看到孩子哭泣，就采取粗暴的方式喝止他"立刻停止""憋回去"，或者以威吓的方式强迫孩子不准哭闹，把孩子的哭泣一概视为"无理取闹"，这种做法是非常不利于孩子的心理健康的。

凡事都有积极的一面，"悲伤""哭泣"也并不是纯粹的负面情绪，事实上，它也有正面价值。父母应该冷静地面对孩子的情绪反应，尊重他表达情绪的权利，允许他哭泣，探寻其情绪背后所要表达的信息，这样才能有效地引导孩子学习处理情绪，有助于孩子的成长。

当孩子开始哭时，父母不如换一种做法，留在身边倾听，不打断他的哭泣，他的烦恼也会随着哭泣逐渐消失，这更利于调整孩子的情绪。父母要理解孩子对哭的需求，哭泣是治愈感情创伤的必要过程，只有父母在他身边，他才会感到自己在困难的时候得到了支持和关心。孩子通过哭泣排解了烦恼，就可以精神焕发地面对生活；而那些被呵斥不能哭泣的孩子，即使他听话地不再哭泣，也并不代表他的情绪得到了缓解。一般来说，当孩子因受了委屈或犯了错误或感到害怕而哭泣时，父母应该注意做好以下几个方面：

1. 对孩子的情绪，父母应表示理解

父母要学会站在孩子的角度，设身处地地为他着想，不能高高在上地训斥孩子。当孩子遇到不开心的事情时，可以安慰他说："妈妈知道你现在肯定很难过，要是我，我也会很难过的。"向孩子表示理解，就能感觉到他的情绪波动，也可以将自己的实际经历和感受告诉给孩子，让他从父母的经验中获取处理事情的办法。

等孩子的情绪稳定一些，再引导孩子："我知道你感到很悲伤，所以才哭，但是哭泣并不能解决问题，我们要心平气和地想办法，这样才能解决问题。"这样，孩子会更容易接受父母的意见，也会因为父母的理解而愿意打开心扉，向父母倾诉心中的感受。

2. 安慰孩子时，需言行一致，让孩子感受到父母的关心

行为语言是父母向孩子传达"爱"的最好的身体语言，可是很多父母在安慰孩子时，并不在意这些小细节，甚至一边哄孩子一边不停地玩手机，这种做法不利于与孩子沟通。

父母在和孩子说话时，一定要专心，集中注意力，不能忙着做饭，也不要忙着干别的家务活，要面对着孩子，眼睛看着孩子，面部表情和语调要一致。这样孩子才会感到亲近，才能从父母的行为中感受到他们对自己的关心。

3. 学会倾听孩子的声音，尊重孩子的表达

父母一定要认真倾听孩子说话，用信任、尊重的态度去鼓励孩子表达自己，从而与孩子更好地交流。当孩子哭泣时，父母粗暴或冷淡的态度往往会让他觉得受伤，极大地损害他的自信心，父母要接纳孩子的情绪，帮助孩子从沮丧的情绪中摆脱出来，重拾自信和快乐。

CHAPTER **8**

第8章

用关爱和鼓励，解开
孩子心灵的枷锁

童年本该是天真快乐、无忧无虑的时期，但这并不代表孩子幼小的心灵不会背负压力的重荷。实际上，繁重的学业、父母过高的期望，甚至是家庭中爱的缺失，都会伤害孩子的心理健康。因此，父母一定要细心呵护、及时引导，用满满的爱和鼓励帮孩子重拾自信和笑容。

强迫出不了好成绩，只会激发孩子的逆反心理

在中国，很多父母都有一种观念：孩子再大依然是孩子。父母习惯了越俎代庖，为孩子做好一切自认为正确的决定，因此有了一种冷叫作"妈妈觉得你冷"。如果父母与孩子的想法不一致，父母就会拿出长者的威严来逼迫孩子顺从。

在生活中，经常会出现这样的情形：父母总是按照自己的想法，以"为孩子好"的名义，在没有理解孩子的真实感受和需求的情况下，把自己的想法强加到孩子身上，并强迫孩子接受自己的想法。在这个过程中，父母和孩子的互动结果是，孩子学会了如何压制自己，不让自己说"不"，只一味地去顺应他人的要求，而不断顺应的结果就是不再去表达自己的真实感

受和需要，或者采取偏执的方式——叛逆来应对父母的要求。

儿童心理学家建议，在亲子关系中，父母要学会放手，每年放权5%，到了孩子20岁的时候正好把自主权都交给他。可是，在很多家庭中，父母很难做到这点。父母总是为孩子提供过多过细的帮助，对孩子严格管教，可是，过于严厉的管教会给孩子带来以下危害。

1. 强迫孩子做他不喜欢的事，会扭曲孩子的心理

童年本应是一个人最无忧无虑、最快乐的时期，可如果父母要求太多、太严，而孩子的能力有限，孩子就会有很大的心理压力。

10岁的李乐有点不合群，很难融入周围的圈子中，本应是快乐玩耍的年纪，他却经常坐在座位上发呆。

其实，李乐小的时候是一个性格开朗、活泼的孩子。他的改变源于6岁那年，他的家族中出了一个"神童"表哥，妈妈为了让他也能成为一名"神童"，便向"神童"表哥的家人讨教方法，并

实施在李乐的身上。原本该是李乐外出和小伙伴们玩耍的时间，他却被强迫坐在书桌前背唐诗宋词或英语单词……他再也没有自由玩耍的时间，也没有可以自己支配的时间，不能做自己喜欢的事情。

一天又一天过去了，李乐阳光开朗的性格被封锁了起来，他开始变得内向、孤僻，对自己和别人苛刻起来，也爱计较一些琐碎的事，经常独自发呆或做出一些奇奇怪怪的行为。

在现实生活中，除了个别孩子有异常的天赋，大部分孩子都是普通人。父母不应为了不切实际的愿望，剥夺孩子的自由和快乐。

2. 对孩子管教过于严厉，会为孩子的叛逆埋下伏笔

即使是理智的成年人，也不喜欢被管得太多，更不愿意总听到那些批评指责的话，也不会喜欢那些对自己苛刻严厉的人。孩子也是如此，他们不愿意被太严格地管教。

在孩子年纪还小的时候，他没有足够的能力去反抗外在

的压力，但是如果父母对他的管教过于严厉，他就会有意识或无意识地做出父母不认可的行为，以使自己心理平衡。例如，3岁左右的孩子很容易产生叛逆心理，如果此时父母要求他不要把饭菜倒到桌子上，他就会偏要这么做来以示反抗。如果这种心理不能得到很好的引导，就会形成一种爆发式的力量，影响孩子的心理健康。

因此，父母应该适当放手，不必对孩子过于严格，这样不仅可缓和亲子关系，还能促进孩子的健康成长。

3. 强迫孩子做他不认可的事情，会伤害孩子的自信心

孩子写作业时，有些父母一直坐在旁边监督、辅导，以为只有这样孩子才能把作业做完，才能学有所成，父母习惯于强迫孩子严格按照自己的意愿行事。确实，父母都有望子成龙、望女成凤的心理，但是如果对孩子的管教过于严格，把自己的想法强加给孩子，就会让他产生厌烦的情绪，严重的甚至会丧失自信心。

父母强迫孩子做他并不认可的事情，当孩子犯错误时，又

对他进行责骂。在父母的责骂中，孩子错误地把父母的评价当作自我认识，认为自己就是这样的人，这样孩子不但不能学会克服困难，反而会强化自己的缺点，极大地伤害了孩子的自信心，对其健康成长极为不利。

教孩子巧妙地应对压力，学会放松

很多父母都希望孩子有一个快乐的童年，可是如今，孩子一方面要应付繁忙的学业，另一方面还要不断地参加各种兴趣培训，以求全面发展。

面对激烈的竞争，想让孩子无压力地生活，是根本不可能的。但是，父母可以通过以下几种办法，帮助孩子在压力下健康茁壮地成长。

1. 帮助孩子设定一个实际的目标

如果孩子觉得学习压力过大，那么父母应帮助孩子设定一个实际一点的目标。父母应该知道，第一名只有一个。如果每个父母都要求孩子争第一，这是不可能实现的，只会加重孩子的压力。而且如果给孩子定的目标过高，孩子一直都体会不到达到目标的成就感，父母也会因孩子达不到自己的期望而感到失望，这样就严重打击了孩子的自信心和学习的积极性。

因此，父母在给孩子设定目标时，应根据实际情况来设定。对孩子比较擅长的学科，可以给他设定高一点的目标，让他有努力的方向。对孩子不太擅长的科目，也要给他设定一个小目标，让他在不断地实现小目标的过程中收获成就感，从而增加他的学习兴趣。

2. 切勿盲目攀比，了解孩子的天赋

不同的孩子有不同的天赋潜力，父母在给孩子制订教育计划和辅导学习时也应因人而异，千万不要出现"孩子有画画的天赋而无音乐细胞，父母偏逼着孩子去学音乐而不让孩子学画画"的现象。有些父母盲目攀比，看到邻居或亲戚的孩子在某一方面有突出成绩，就也逼着孩子去学，好像一定要比别人优秀，不然觉得很没面子。

为了让孩子更加轻松，也能在成绩上有起色，不如找出孩子的薄弱点，然后对症下药，这样既能让孩子从繁忙的学业中解放出来，得到暂时放松，也能保证他们的心理健康。

3. 父母要学会分辨有利的和有害的压力

父母在给孩子减压之前，先要分辨哪些压力是对孩子有利的，哪些压力是对孩子不利的。"没有压力就没有动力"，恰当有益的压力可以帮助孩子进步，教导孩子如何面对失望和迎接新的挑战。而有害的压力源于那些长期的、令人压抑的、过高的期望，以及无法完成的重任，这会导致孩子在精神和情感方面受到伤害。

4. 父母要以身作则，轻松应对压力

父母的言行举止对孩子的影响非常大，当父母感到焦虑时，孩子也会感到紧张和焦虑。有些孩子为了让父母开心，会盲目地给自己设定难以达到的目标。有些父母甚至会把自己的压力发泄到孩子身上，如在工作中有压力，回到家就训斥

孩子，对孩子说："我那么辛辛苦苦地赚钱给你读书、报补习班，结果你才给我考了第五名，你对得起我付出的心血吗？"这种行为可能会暂时起到一定的效果，但并不会持久，还会给孩子的精神带来创伤，影响他们的学习心态。同时，还会导致孩子压抑内心的情感，不愿向父母表露自己的心声。

因此，父母不应该在孩子面前表现自己的过度担心和焦虑，而应该表现得更加积极、开朗。父母给孩子提供了安全感，孩子也会乐于向父母倾诉自己的焦虑，这样才更有利于孩子的健康成长。

5. 不要时时把"考试""成绩"挂在嘴上

本来孩子在学校要面临考试就已经很焦虑了，如果回到家以后，父母还不停地和孩子提"考试"和"成绩"，无形中就会给他增加压力。父母不如和孩子聊聊考试之外的事，让他们紧绷的神经得到放松。

面对日趋激烈的竞争，孩子需要承担的压力越来越大，某些教育机构提出"别让孩子输在起跑线上"的口号，不断地让父母把孩子送到各种课外辅导班，这无形中给孩子增加了许多压力。父母应当重视给孩子减压，教会他巧妙地应对压力，积极创造一个轻松、健康的环境，帮助孩子健康成长。

再小的孩子都希望得到公平对待

在亲子关系中，沟通就像一扇窗，需要经常打开通通风。当孩子主动向父母提出沟通需求时，父母因忙碌而没有及时给予回应，过后也不主动去打开这扇窗，就势必会使问题越来越严重。

随着二胎政策的推行，越来越多的家庭拥有了两个可爱的宝贝。然而，像独生子女一样，在孩子成长的不同阶段，二胎之间也会出现不同的问题。本来很多父母是希望孩子有个伴才选择生二胎，可如果处理不当，就会引发孩子更多的心理问题。因此，父母要平等地对待两个孩子，关心他们的生理和心理健康，在生活中合理安排，巧妙地做到平衡。

1. 承认两个孩子的个体差异性，在思想上公平地对待

世上没有两片完全相同的叶子，也没有完全相同的两个孩子，每个孩子一出生，就有属于自己的个性和气质。即使是来自同一个母体，性格、相貌和气质等方面也各不相同。正因为各种差异和父母的喜好偏差，父母可能会不自觉地对某个孩子更好一点。但是，这并不代表父母可以偏心，在思想上更应该平等地对待每一个孩子。尤其是家有一大一小时，有些父母可能会全身心地照顾小的，但千万别忽略了老大的健康成长。

2. 要让孩子感觉到父母是公平的

也许这个孩子比较平凡、调皮，另外一个孩子比较懂事、优秀，但他们都是父母的宝贝，父母不能因为孩子的表现而不公平地对待他们，而应把这种公平体现到生活的细节中。如只有一根棒棒糖，但是两个孩子都要吃，那么父母该给谁呢？如果父母滥用权威，要求大的孩子把糖让给小的孩子，时间一长，孩子就可能认为父母偏心。这时最好的办法就是尊重孩子的想法，如果没有孩子让步，可以选择抽签或比赛的

方式来决定，同时安慰没有得到糖的孩子，这样孩子也会比较

容易接受。

父母心里的公平要在生活中体现出来，并让孩子感觉

到。父母要注意倾听孩子的想法，发现问题，才能及时做出

解释和劝说。

3. 建立孩子之间的感情，让孩子学会分享

孩子之间很多时候是不公平的，只要兄弟姐妹之间的感情

深厚，很多事情就比较容易处理，而不会引发矛盾和冲突。

父母要对孩子进行恰当的引导，让他学会分享和谦让，学

会关心家人，学会自己处理问题。

受到鼓励的孩子成长得更快

鼓励是一种非常重要的家庭教育，孩子在父母的不断鼓励中获得自信、勇气和进取心，才能更快、更健康地成长，就像花卉需要每天浇水才能生长、开花、结果一样。

清朝教育家颜元曾说："数子十过，不如奖子一长。"这句话道出了鼓励对孩子成长的重要性。但是，在现实生活中，很多父母不自觉地在行动上和语言上表现出对孩子的不满，而很少鼓励孩子。如孩子在帮助父母收拾碗筷时，不小心打碎了盘子，父母就会不耐烦地说："快去玩，不要在这里捣乱。"孩子自己穿衣服时，把衣服穿反了，有些父母就干脆剥夺孩子学习穿衣服的机会，直接帮他穿好。这些行为不利于孩子的成长，阻碍了孩子提高自我能力。对孩子的探索激情，父母应给予不断的鼓励，否则会挫伤孩子的积极性，影响孩子的心理健康。

孩子受到鼓励，他们的学习心情就会保持喜悦，这符合儿童的年龄特点。因此，父母要遵循儿童教育的鼓励效果规律，让孩子在愉悦的心情中学习，孩子只有心情愉悦，他的感觉、记忆和思维等才会处于活动的最佳状态，也才能更好地接受新鲜事物。

鼓励可以增强儿童的自信心，儿童通过他人的评价来认识自己，当父母鼓励他时，他就会看到自己的力量，从而产生积极活动的欲望和情绪，也会主动地去求知。因此，及时、适当的鼓励，能强化孩子的记忆力，尤其是12岁以前的孩子，表现得更加明显。因此，父母在教育孩子时，要坚持正面教育，以表扬和鼓励为主，这样才能使儿童产生浓郁的学习兴趣。但是，鼓励孩子还是需要技巧的，父母不如通过以下两种方式来鼓励孩子，让孩子在鼓励中得以健康成长。

1. 父母要关注孩子在哪方面取得了真正的进步

父母一次恰到好处的鼓励比十次泛泛的鼓励的效果更好。例如针对孩子成绩的进步，很多父母只会在其分数有所上升时才给予表扬，却从不去仔细检查孩子的试卷，发现孩子的优点。孩子最近的两次考试分数一次比较高，一次比较低，那么父母该表扬孩子哪一次的成绩呢？很多父母可能会毫不犹豫地回答说："肯定是表扬分数高的那一次啊，分数低不批评就算好了。"但是，如果父母能仔细地分析试卷，从中发现孩子应该受鼓励的地方，如孩子的做题思路富有创造性，孩子就会意识到自己的优点，下次才会有目标地改进。父母不能单纯地靠成绩来批评和鼓励孩子，否则就会挫伤孩子的积极性。

2. 父母表扬孩子要言行一致，切忌陈词滥调

部分父母在表扬孩子时日复一日地使用同样的措辞，表扬的话孩子都可以倒背如流了。这样的表扬给孩子一种敷衍的感觉，久而久之，孩子就不会在乎父母的看法。其实，表扬并不

只是简单地说说称赞的话，它更应该让孩子真切地感受到父母对他的进步给予的足够关注和全面的考虑。

在表扬孩子的时候，要注意言行一致，不要让孩子感觉父母只是在假情假意地做做样子，这样的表扬不仅起不到任何作用，反而会伤害孩子的自尊心。在表扬孩子时，不必过于追求辞藻上的渲染，一方面孩子的理解能力有限，另一方面简洁直白、自然而坦率的表扬更具有信服力。此外，如果父母能辅以适当的表情和身体语言，孩子从父母那里获得的鼓励效果就会更强一些，如父母赞许的目光、拥抱、亲吻，不仅有利于促进亲子关系，还能让孩子备受鼓舞。

孩子的成长离不开父母的陪伴和鼓励，父母要接受不一样的孩子，发现孩子的力量，通过鼓励来培养他不放弃、不气馁的性格，让他更加健康快乐地成长。

第9章

孩子的心理疾病的预防

随着生活压力、学习压力越来越大，儿童的心理问题也越来越突出。然而，很多年轻的父母发现孩子出现异常行为时，往往会感到疑惑，不知该不该求助于心理医生。孩子的心理活动与成人的不一样，他们的心理发育尚未完善，很容易出现问题。那么，如何预防孩子患上心理疾病呢?

密切关注自闭症儿童

经常有父母说："我的孩子不爱说话，也不喜欢和其他小朋友玩，是不是有自闭症啊？""我儿子经常一个人玩积木，一玩就是一整天，他是不是有一点自闭啊？"

"自闭症"这个词开始变得流行甚至泛滥起来，孩子不爱说话、不爱参加集体活动等，就莫名其妙地被父母贴上"自闭症"的标签。殊不知孩子在这种标签下就真的成了自闭症儿童。

被贴上标签的孩子，绝大部分并没有任何问题，有的孩子只是比别的孩子安静一点，并不是自闭症。

咪咪快2岁了，但她还不会说话，经常用尖叫来表达自己的各种情绪。一旦有什么事情不合心意，她就会歇斯底里地哭，一直哭到没有力气为止。在日常生活中，她喜欢围着茶几跑圈玩，但很少和家人交流。即使妈妈带她去游乐场，她也不愿意和其他小朋友接触，有时小朋友靠近她，她就会哭。咪咪不仅不愿意跟别人交流，有时爸爸妈妈当着她的面跟其他人聊天，她也会用哭来表示反感。

妈妈怀疑咪咪得了自闭症，但不能确定，感到很担忧，就带她去看心理医生。

原来妈妈在怀孕期间情感上受到重创，情绪非常糟糕，因此在陪伴孩子的过程中，流露出了压抑、冷漠、抑郁的情绪。而孩子的爸爸很少回家，少了爸爸的陪伴，孩子的自控力差。在孩子的眼里，她只看到一种单一的、封闭的人际互动模式。当她走出这个圈子时，就会感到很惶恐，只能用哭泣的方式来表达。

心理医生了解情况之后，便告诉妈妈："孩子确实有一些自闭倾向，但不必过于焦虑，妈妈需要先做出改变，尤其要在情绪方面进行有效的调整改善，这样才能逐步改善孩子的成长环境。"

很多时候，妈妈怀孕期间的情绪跟孩子的性格有着很大的关系，而儿童自闭症大多是受生活环境的影响。儿童自闭症又称为儿童孤独症，是一种广泛性的发育障碍，起病于婴幼儿期，主要表现为不同程度的言语发育障碍、人际交往障碍、兴趣狭窄和行为方式刻板。约有3/4的自闭症患者伴有明显的精神发育迟滞，部分患儿在一般性智力落后的情况下，在某些方面具有较好的能力，如表现出极强的画画天赋或音乐天赋等。

既然说不要随意给孩子贴上"自闭症"的标签，那么真正的自闭症早期有什么症状呢？主要有以下几点：

（1）前3天：没有任何特征。

（2）3～10天：特征并不是很明显。

（3）4～6周：爱哭闹，但并不是由于有需求。

（4）3～4个月：不笑或对外界逗引没有笑的反应，甚至不认识自己的父母。

（5）6～7个月：对玩具不感兴趣，别人要抱他时，他不伸出手臂。举高时身体僵硬或松弛无力，不喜欢将头依偎在成人身上，没有喃喃自语。

（6）10～12个月：对周围环境缺乏兴趣，独处时很满足。长时间哭叫，常出现刻板行为（摇晃身体、敲打物品等）。即使给他玩具，他也不会玩耍，而只是重复某个固定的动作。与父母之间没有目光交流，不能分辨其他人，且对声音刺激缺乏反应（像耳聋，听不到），不用手指指人或物品，不会模仿他所看到的动作，语言发育迟缓（发音单调，或发出莫名其妙的声音，不模仿发音）。

（7）21～24个月：睡觉状况不稳定，甚至会整晚不眠。不会嚼东西，只吃流食或粥样食物。喜欢看固定不变的东西，有刻板的手部动作（如旋转、翻动、敲打、抓挠等）。肌肉松弛，站不稳，走不动，常摔倒。缺乏目光对视，看人时只是一扫而过。没有好奇感，对环境的变化感到不安或害怕。可能出现学舌，但迟缓，对词语理解能力差。

一般来说，对儿童的自闭症，越早发现越好，越早介入专业的矫正和康复训练越好，必要时要配合药物治疗。虽然自闭症是一种比较顽固的心理疾病，不容易痊愈，但必要的康复训练对自闭症患者的矫治作用是不可忽视的。

国内外几十年的研究和实践证明，自闭症儿童具有极强的可塑性，教与不教，教得是否得当，对他们未来的发展有着完全不一样的意义。"好的方向"就是他们在父母的耐心引导下，能够逐步拥有社会适应能力、生活自理能力、与人交往的能力，甚至在接受培训后能从事某项工作而实现生活自立。但如果听之任之，他们的病症并不会随着年龄的增长而逐渐好转，反而会更加严重。由于受到周边人的排斥，自闭症儿童经受了太多的挫折，这会逼得他们更加自闭。

孩子总是坐不住，这是多动症吗

孩子总是坐不住，就连课堂上的45分钟都无法安静下来，不是自己在桌子下面玩游戏，就是打扰其他小朋友，或不停地说话。这是多动症吗？

孩子天性好动，喜欢接触新鲜事物。有些父母却因孩子过于调皮而把他归为"多动症"，这会给孩子带来心理阴影。

8岁的楠楠对什么都很感兴趣，楠楠爸爸觉得这是非常好的事。可是，最近楠楠爸爸开始担忧起来。

每天晚上睡觉之前，楠楠爸爸都会给楠楠讲故事，可是他发现楠楠根本没心思听故事，往往是一边听，一边动一下这里，又动一下那里。楠楠爸爸问起故事内容，楠楠也答不出个所以然来，好像根本就没有在听一样。

慢慢地，爸爸还发现，给楠楠辅导功课或者讲一些新知识时，他总是心不在焉。让他自己一个人学习，他也老是坐不住，只要爸爸不注意，他就溜出去玩耍。

楠楠坐不住的坏习惯让爸爸担忧地想，这孩子是不是患上了多动症呀？

其实，很多父母都会一度认为自己的孩子得了多动症，因为孩子上幼儿园时总是不肯在座位上坐着，而是不顾课堂纪律在教室里到处走，或者在父母教他知识时，他还不停地摆弄玩具，任凭父母怎么指责都无动于衷。因此，父母就会感到疑惑：这孩子是不是患了多动症，不然怎么会坐不住呢？

每个孩子在一定的年纪都会有冒险精神，父母应该接受并欣赏孩子的这种个性。孩子坐不住，父母也不要急着去改变，而应循序渐进，可以多加督促，慢慢矫正，培养孩子的自制力，而不是一味地指责，也不要经常怀疑孩子患上了多动症。

如果轻易给孩子贴上"多动症"的标签，就会让孩子产生心理阴影。

教育学家认为，孩子好动是天性，是正常现象。孩子年龄尚小，对于一些未知的事情，抱有好奇心，去探索，去尝试。但是孩子的注意力和自制力较弱，不能够完全靠思想来控制自己，因此出现坐不住的现象是很正常的，父母不必过于烦恼。

为了消除父母的担忧，下面我们来了解一下到底什么是多动症。多动症是一种病症，主要有以下表现：

（1）即使在必须坐定的场合（如课堂上）也很难静坐下来。

（2）极易受外界影响而分散注意力。

（3）手和脚不停地动，在座位上坐着也扭动，坐不住。

（4）在参加集体活动或游戏时，不能耐心地排队。

（5）不会按他人的指示做事（不是故意违抗）。

（6）别人对他讲话，他往往听不进去。

（7）在玩耍或做作业时，不能持久地集中注意力。

（8）别人问话尚未结束，便已抢答。

（9）一件事尚未做完，就去做另一件事。

（10）常常打断他人的活动，或干扰他人的学习、工作。

（11）说话太多，要求太多。

（12）不愿做需要耐心的事。

（13）学习时必需的用品，如书本、作业本、铅笔等，常常丢在学校或忘记带到学校去。

（14）往往不顾后果，做出危险的行动，如不往左右看，就冲到马路上去。

如果以上特征中有10条以上孩子都出现过，父母就要多加注意了，要及时对孩子加以引导和帮助。

想让孩子坐得住，加强自我管理，可以从他的兴趣出发，多陪孩子做一些他感兴趣的事情，比如看动画片、做游戏、玩玩具等，让他慢慢地学会有耐心地去做事。这靠的是孩子和父母共同的努力，以及父母对孩子的约束与孩子的自我约束相配合。引导每个孩子的具体方法都不一样，但实质上大同小异，都需要父母有足够的耐心去了解孩子的内心，成为孩子真正的朋友。

过于严格要求容易导致孩子患上强迫症

　　"望子成龙，望女成凤"的心理使得父母对孩子的期望过高，父母会给孩子定下过多的规矩，迫使他顺从。然而，父母却忽略了一个重要的问题：这样的顺从会给孩子的心理带来很大的压力，甚至引发心理疾病。

　　13岁的佳佳家境很不错，她家是一个幸福家庭。可是，佳佳由于小考发挥失常，一下子变得没有自信，还打算辍学。父母很着急，带她去看心理医生。原来佳佳的父母只要求她学习好，其他什么都不用操心，因此佳佳对自己的要求非常高，一旦失利，就会受不了，逐渐出现了强迫心理。

过于严格的家教会导致孩子患上强迫症，并对其性格产生不良影响。

强迫症是一种非常痛苦的心理疾病，患者往往会无法控制出现在他脑海中的某些古怪的念头，或不断地重复一些仪式性的动作。即使他们知道这样的做法完全没必要，仍无法控制自己的行为。以往，心理医生认为强迫症的病因是患者过于敏感和过分追求完美。

但是，临床心理学家研究发现，很多强迫症患者的发病和父母的教育管理方式有很大的关系。如果父母的要求过于严苛，事事要求孩子顺从，就很容易给孩子的心理造成过大的压力。为了避免犯错误，孩子就会在做完一件事情之后，进行反复的检查，情况严重的最终会患上强迫症。

因此，父母在教育孩子时，不要太苛刻，包括学习成绩和生活习惯等方面，只要孩子尽力就好。如果孩子做不到，不要刺激他，否则会导致孩子产生恐惧心理。此外，要多鼓励孩子与他人接触，建立良好的人际关系，避免其形成过于刻板和自私的性格。

为了让孩子健康成长，远离强迫症的威胁，父母可以从以下几个方面来减轻其心理压力。

1. 给孩子创造一个宽松的环境

古话说："人非圣贤，孰能无过。"大人尚且难免犯错误，更何况是一个正在成长的孩子呢？父母应当宽容对待孩子，不要强迫他事事做到十全十美。

父母不要强加给孩子过多、过于刻板的要求，比如出门一定要关灯。这对预防强迫症的发生有很大的帮助，特别是如果父母的性格过分严谨，更要多加注意。

2. 增强孩子的自信心

教给孩子应付各种压力的积极方法和技巧，增强他的自信心，使其不逃避困难，拥有直面挫折的品质，是预防强迫症的关键。

3. 采取顺其自然的态度

当孩子有了强迫思维时，要开导他不要过于紧张。当孩子有了强迫动作时，要理解孩子，不能过于强调让他改正，或出现过激反应。要采取顺其自然的态度，逐渐减少他的强迫动作。

4. 不要过于小题大做

强迫症的另一个特点是过于小题大做，本是芝麻大的事情，却联想出天大的事情来。因此，在思考问题时，要引导孩子学会接纳他人，不要钻牛角尖，学会适应环境，不要刻意去改变环境，这能很好地预防强迫症的发生。

伸手打人——并非是恶意攻击性行为

刚满2岁的阿雅变得很喜欢"打人",当爸爸妈妈阻止她做某件事情时,她的小手就"啪"地一下打了过来。虽然她的力气不大,很多时候打得不疼,但她的这种行为令爸爸妈妈很担忧。特别是对爸爸,每天抱着她的时候,她动不动就打爸爸的脸,有时还拍爸爸的头,甚至使劲地拽爸爸的头发。

爸爸妈妈感到很苦恼,担心她上了幼儿园还会像这样打其他小朋友,不知道她的这种行为是否出于一种不好的攻击性的心理。

其实,孩子打人,并非心存恶意,只是他正处于"打人敏感期",这是一种正常的表现。父母只要加以正确的指导,他就能纠正过来。

那么，孩子为什么爱打人呢？原因主要有以下几点：

1. 自我意识的萌发

孩子的自我意识萌发之后，就会事事以"我"为中心，因此凡有不合心意的，就不要、不干，直接表现为动手去"排除"不喜欢的东西，这也就是大人眼里的"打"。

2. 语言表达能力不足

在与其他小朋友交往的过程中，他不能清楚地表达出自己的想法和要求，别人不懂他的心思，也不会遵从他的意愿，因此他情绪不好时就会打人。

3. 缺乏同情心，善于模仿

孩子在看电影、电视时，善于模仿打人的镜头，看到其他小朋友被打哭的样子，他们往往缺少同情心。

4. 父母的娇惯

很多父母认为孩子年纪小、不懂事，即使有打人的行为，也不会及时严厉制止，从而让孩子打人的行为成了习惯。

5. 寻求关注

很多孩子打人是为了吸引父母的注意力，当他做任何事情时，都希望得到特别的关注。如果没有得到关注，他便会用一些反常的动作来引起父母的注意。

一般来说，3岁以前的孩子正处于"打人敏感期"，这种"打人"并非恶意攻击性的行为，但也是一种攻击性行为。3岁以后孩子的打人行为，父母要注意分析其行为，并加以正确的指导。孩子的攻击性行为可分为敌意攻击和工具性攻击。例如，孩子有意地打另外一个小朋友，这属于"敌意攻击"，而如果在争夺玩具的过程中，孩子打了别人，则属于"工具性攻击"。

父母对孩子的态度决定了孩子的行为。如果父母一直对孩子冷漠，无视孩子所表现出来的"暴力"冲动，就容易培养出带有攻击性的孩子。因为他们总是无视孩子的需求，在其幼小的心灵中埋下了对人漠不关心的种子。孩子没有同情心，看到其他小朋友哭甚至会感到很开心，这就促发了他们"打人"的攻击性心理。如果父母靠体罚来约束孩子的行为，孩子也会模仿父母，学会伤害他人，因此会有攻击性心理。

另外，如果父母对孩子过分溺爱，并不把孩子"打人"的行为当作一种不恰当的行为，加以纠正与指导，就会导致孩子变本加厉。因此，为了杜绝孩子的恶意攻击性行为，父母一定要给孩子树立正确的榜样。

在孩子处于"打人敏感期"时，父母该如何正确地引导，才能防止他把"打人"的习惯延续下去，形成恶意攻击的心理呢？

1. 冷静对待孩子的"打人"行为

孩子"打人"，父母不要做出过激的反应。有些孩子"打人"是为了引起父母的关注，如果他做出"打人"的行为，父母的反应过激，对他严加管教，就等于在无意中帮孩子达到了目的，也会让他形成错误的意识，认为无论父母在干什么，只要他打人，父母就会关注他。因此，即使他不是恶意伤人，但为了得到关注，他的行为在无意识中也会变成恶意伤害。因此，父母对孩子的攻击行为不要过于敏感，予以冷静对待和耐心引导就好。

2. 解读孩子的情绪

3岁以前的孩子"打人"，其实只是他表达自我意识的一种反应。他会通过拍打别人的行为来表达自己的情绪。父母要注意观察孩子的肢体语言所表达出的情绪，然后解读出他的行为所要表达的意思，如问他"你是不是生气了""你是不是希望他走"等。当父母帮孩子表达出了他所要表达的意思后，他就会如释重负，感觉到父母理解他，也会减少通过肢体语言来表达自己情绪的行为。

3. 父母要做一个好榜样

父母要给孩子做一个好榜样，平时尽量宽容、周到，待人接物要有礼貌，千万不要使用暴力。父母的一言一行都会被孩子看在眼里，会被他加以模仿。如果父母喜欢使用暴力，孩子很可能也会养成攻击他人的坏习惯。

后记
POSTSCRIPT

世界卫生组织曾发布一项调查结果："令人健康长寿的因素中，遗传因素占15%，社会因素占10%，医疗条件因素占8%，气候条件因素占7%，而60%取决于自己。"也就是说，每个人都能积极主动地掌控自己的健康。孩子受家庭的保护，父母掌握儿童健康管理的方法，对孩子的健康成长尤其重要。

给孩子添加了辅食，不知道孩子吃得够不够，营养搭配是否合理？——如果能掌握一些营养搭配方面的知识该多好啊！

一直担心孩子的发育状况，总和别人家的孩子比好像也不科学。——如果知道孩子每个成长阶段的健康标准，那就不用愁啦！

孩子的心理健康吗？为什么他在外面表现得那么胆小？为什么他在家总是发脾气？——如果能学习一些儿童心理辅导知

识，为他解决心理困惑该多好！

想必每位父母都会有如上的愿望，这些愿望能实现吗？

本书对方方面面的知识进行了深度解析，旨在降低孩子患身体疾病和心理疾病的概率。对每位父母来说，学习这些知识的意义是在孩子成长的不同阶段对他的健康进行全方位的检测，第一时间发现孩子健康状况上的偏差，并及时解决。

孩子是一个家庭的核心，孩子的健康关系着一个家庭的幸福与美满。阅读完本书，你会发现，孩子的健康管理看似简单平常，但其实并不容易做好，需要父母悉心呵护并不断学习。